Der schwierige Umgang mit NS-Raubkunst

Benjamin Rosenkranz

Der schwierige Umgang mit NS-Raubkunst

Eine Analyse aus rechtlicher
Perspektive am Beispiel
des Schwabinger Kunstfundes

 Springer VS

Benjamin Rosenkranz
Technische Universität Kaiserslautern
Deutschland

ISBN 978-3-658-16687-8   ISBN 978-3-658-16688-5   (eBook)
DOI 10.1007/978-3-658-16688-5

Die Deutsche Nationalbibliothek verzeichnet diese Publikation in der Deutschen National-
bibliografie; detaillierte bibliografische Daten sind im Internet über http://dnb.d-nb.de abrufbar.

Springer VS
© Springer Fachmedien Wiesbaden GmbH 2017

Gedruckt auf säurefreiem und chlorfrei gebleichtem Papier

Springer VS ist Teil von Springer Nature
Die eingetragene Gesellschaft ist Springer Fachmedien Wiesbaden GmbH
Die Anschrift der Gesellschaft ist: Abraham-Lincoln-Str. 46, 65189 Wiesbaden, Germany

Inhaltsverzeichnis

„Was den Nazis einen Diebstahl wert war, muss uns heute allemal auch eine Recherche wert sein!"[1]

---

1   Prof. Dr. G. Ulrich Großmann zitiert nach https://www.youtube.com/watch?v=YBXjGvZjzWY zuletzt aufgerufen am 09.08.2015

1 Einleitung

Die Veröffentlichungen des Nachrichtenmagazins „Focus" über die staatsanwaltschaftlichen Ermittlungen zum sogenannten Schwabinger Kunstfund im November 2013 brachten einer breiten Öffentlichkeit ein lange verdrängtes Kapitel der deutschen Geschichte schlagartig wieder ins Bewusstsein. Sogar die Politik sah sich zu einem schnellen Handeln genötigt: Anfang 2014 legte der bayerische Justizminister Winfried Bausback den Entwurf für das Kulturgut-Rückgewähr-Gesetz dem Bundesrat vor. Der Umgang mit sogenannter NS-Raubkunst hatte damit auch fast 70 Jahre nach Kriegsende seinen Weg auf die politische und gesellschaftliche Agenda wiedergefunden. In diesem Zusammenhang fiel die Bezeichnung von den „letzten Kriegsgefangenen"[2].

Im Mittelpunkt steht das Handeln des 1956 verstorbenen Kunsthändlers Hildebrand Gurlitt, der sich vom nachweislichen Opfer des Nationalsozialismus zum Mithelfer und Profiteur des Systems entwickelt hatte. Sein Nachlass wurde 2012 eher zufällig im Rahmen eines Ermittlungsverfahrens der Staatsanwaltschaft Augsburg in der Wohnung seines Sohnes Cornelius Gurlitt entdeckt und beschlagnahmt.

Der Umgang der Ermittlungsbehörden mit dem Fall, die anschließende öffentliche Empörung darüber und die verschiedenen juristischen Stellungnahmen bilden die Kernfrage dieser Arbeit: Wie kann auch über 70 Jahre nach dem Ende des NS-Regimes Gerechtigkeit hergestellt werden, nachdem die Werke ihren Besitzer gewechselt haben? Welche Möglichkeiten bietet das aktuelle Gesetzeswerk? Wo liegen dessen Grenzen? Und bietet der bayerische Entwurf für das Kulturgut-Rückgewähr-Gesetz einen praktikablen Lösungsansatz oder ist er nur ein politisches Schnellfeuer, welches auch als „lex Gurlitt" bezeichnet wird?

Neben der rechtlichen Problematik muss auch der Aspekt einer moralischen Verpflichtung, gerade in Deutschland, betrachtet werden. Angesichts der historischen Verantwortung Deutschlands und den derzeit offensichtlich weit verbreiteten Unklarheiten beim Umgang mit vermuteter NS-Raubkunst in der Öffentlichkeit soll die bayerische Gesetzesinitiative auf ihre Praktikabilität hin untersucht werden. Kann sie der Komplexität des Themas gerecht werden? Denn am Umgang mit den Bildern hängt auch der Ruf der Bundesrepublik Deutschland.

---

2   Hartung S. 9

Natürlich müssen auch die Versäumnisse in der Vergangenheit objektiv betrachtet werden, ging es doch in den westlichen Besatzungszonen bzw. später in der Bundesrepublik vornehmlich um eine schnelle Rückerstattung mit kurzen und restriktiven Fristen, wie z.b. in den Rückerstattungsgesetzen bzw. dem Bundesentschädigungsgesetz, um Rechtssicherheit und vor allem einen schnellen Wiederaufbau zu gewährleisten. Die sowjetische Besatzungszone bzw. die spätere DDR kannte eine Restitution in diesem Ausmaß schon gar nicht. War hier doch aus ideologischer Sicht eine gesellschaftliche Umverteilung von Vermögen nach anderen Prämissen favorisiert. So kam z.b. das Thüringische Wiedergutmachungsgesetz von 1945, als eine der wenigen Initiativen zur Restitution, aufgrund von Ablehnung innerhalb der SED kaum zur Entfaltung. Von einer wirklichen Restitution bzw. einem diesbezüglichen Willen kann hier nicht gesprochen werden[3].

Es soll hier aber nicht Moral versus Recht ausgespielt werden. Vielmehr soll erörtert werden, ob die aktuelle Gesetzeslage ausreicht, mögliche Vindikationsansprüche geltend zu machen. Im Sinne der Washingtoner Erklärung von 1998 hat sich die Bundesrepublik Deutschland bereits zu fairen und gerechten Lösungen gegenüber den Berechtigten verpflichtet. Allerdings nur bezüglich der staatlichen Stellen und ohne Rechtsverbindlichkeit. Privatpersonen und private Museen bleiben von dieser Erklärung unberücksichtigt. Da die Rückerstattungs- und Entschädigungsgesetzte mit ihren restriktiven Ausschlussfristen nach herrschender Meinung - zumindest bis zur BGH-Entscheidung 2012 - auch die Ansprüche aus dem BGB verdrängten, konnten Betroffene keine Ansprüche mehr anmelden. Heute werden die Berechtigten dann auch noch oftmals mit der Einrede der Verjährung bzw. dem Umstand der Ersitzung konfrontiert, um ihre Ansprüche abzuwehren. Die Arbeit will anhand der bisher bekannten Einzelheiten den sogenannten Schwabinger Kunstfund unter die aktuelle Gesetzeslage subsumieren und nach möglichen Anspruchsgrundlagen suchen. Auch stellt sich die Frage, welche ordnungspolitischen Handlungsmöglichkeiten der Staat im Rahmen seiner internationalen Verpflichtungen hat? Zur Beantwortung dieser Frage möchte diese Arbeit beitragen.

Natürlich ist sich der Autor bewusst, dass es sich hierbei zunächst nur um einen Versuch handeln kann. Einen Versuch, eine rechtliche Bewertung für das Ergebnis der Tätigkeit und der Sammelleidenschaft - ja des Lebenswerkes - des Kunsthändlers Hildebrand Gurlitt, das von seinem Sohn Cornelius weitergeführt wurde, zu erbringen. Viele Ereignisse, wie der Tod von Cornelius Gurlitt im Mai 2014 und dessen testamentarische Verfügung, haben Einflüsse auf die rechtliche

---

3   vgl. Goschler und Lillteicher S. 198ff

Bewertung. Deshalb sind auch weiterhin Entscheidungen, die Einfluss darauf nehmen können, zu erwarten.

Diese Arbeit beschäftigt sich deshalb mit dem Kenntnisstand von Frühsommer 2015 zu diesem Thema. Eine weitere Problematik kann darin erwartet werden, dass sich viele der Beteiligten zum laufenden Verfahren nicht äußern werden. Berechtigte wollen ihre eventuellen Vindikationsansprüche nicht gefährden, die andere Seite wird versuchen, diese abzuwehren und deshalb möglicherweise für Stellungnahmen nicht bereit sein. So ist z.B. zu erwähnen, dass der Kunstraubexperte Dr. Hannes Hartung zeitweise Herrn Cornelius Gurlitt als Anwalt vertrat.

Der Fall des sogenannten Schwabinger Kunstfundes, mit seinem zunächst von der Presse übertriebenem Ausmaß, scheint nur die berühmte Spitze des Eisberges zu sein. Die Problematik, die ihren Ursprung zwischen den Jahren 1933 und 1945 hat, bleibt aber trotzdem bestehen und scheint die gesellschaftliche Diskussion auch in Zukunft nicht loszulassen. Christian Lange und Karl-Heinz Oehler sprechen in ihrem Aufsatz von der hohen Wahrscheinlichkeit, dass sich eine neue Erbengeneration mit dieser Verantwortung auseinandersetzen werden muss, oftmals ohne vorher von der Provenienz der Erbstücke Kenntnis gehabt zu haben[4]. Der Versuch, hier entsprechende Beiträge für eine Bewertung der Problemstellung und der angebotenen Lösungsansätze zu finden, scheint deshalb zumindest lohnenswert.

Im zweiten Kapitel erfolgt ein historischer Blick auf die veränderten Besitz- bzw. vermeintlichen Eigentumsverhältnisse nach 1933 in Deutschland und später Österreich. Zudem soll der Raub im Zweiten Weltkrieg in seiner europäischen Dimension berücksichtigt werden. Analysiert werden zunächst die vermeintlichen rechtlichen Grundlagen der Enteignungen in Deutschland bzw. später auf österreichischem Territorium. Anschließend werden das sogenannte Führermuseum in Linz und die Sammeltätigkeit Görings kurz umrissen. Danach wird der Kunstraub in den von Deutschland besetzten Gebieten untersucht. Darüber hinaus wird nach möglichen gesetzlichen Grundlagen für den Raub im Zweiten Weltkrieg im europäischen Ausland gefragt.

Anschließend soll eine Definition des Begriffes Raubkunst, im Gegensatz zum Begriff der Beutekunst, erfolgen. Hier soll vor allem eine Unterscheidung zwischen der Wegnahme und der Weggabe gemacht werden. Der verfolgungsbedingte Verlust durch Enteignung bzw. die nach außen vermeintlich freiwillige Veräußerung bzw. Abgabe (Zwangsverkauf) erscheint hier wichtig. Des Weiteren sollen die Restitutionsbemühungen in den westlichen Besatzungszonen bzw. in der Bundesrepublik mit der Restitution unter sowjetischer Besatzung bzw. in

---

4   vgl. Lange und Oehler S. 88

der DDR verglichen werden. Es erscheint hier wichtig, dass das Vermögensgesetz als Folge der Deutschen Einheit in die Betrachtung miteinbezogen wird.
Zudem soll die Washingtoner Erklärung von 1998 als internationale völkerrechtliche Verpflichtung der Bundesrepublik Deutschland als mögliche Anspruchsgrundlage miteinbezogen werden.

Das Kapitel Nummer vier beschäftigt sich mit dem sogenannten Schwabinger Kunstfund als Zufallsfund. Der Fall soll in seiner historischen und aktuellen
Dimension mit seinen Hauptakteuren, dem Kunsthändler Hildebrand Gurlitt und
dessen Sohn Cornelius, betrachtet werden.

Im Kapitel fünf erfolgt - soweit dies möglich ist - eine rechtliche Einordnung des Kunstfundes. Wie sieht die derzeitige Gesetzeslage aus und wie können
Ansprüche geltend gemacht werden? Auf die Problematik der Verjährung im
deutschen Recht soll hier explizit eingegangen werden. Welchen Beitrag kann
zudem die Provenienzforschung der sogenannten TASKFORCE „Schwabinger
Kunstfund" diesbezüglich leisten?

Im vorletzten Kapitel wird die bayerische Gesetzesinitiative mit dem Kulturgut-Rückgewähr-Gesetz als politischer Lösungsansatz vorgestellt und auf ihre
Tauglichkeit hin untersucht. Hier soll auch der Raum sein, um Anstöße für weitere mögliche Lösungsansätze der Problematik auf rechtlicher Ebene zu diskutieren.

Das letzte Kapitel soll die Ergebnisse der Arbeit zusammenfassen und einen
Ausblick zum zukünftigen Umgang mit dem Thema, gerade auch in Bezug auf
die moralische Verpflichtung Deutschlands, geben.

Aufgrund der Vielschichtigkeit des Themas und den Dimensionen des
Ausmaßes muss eine Einschränkung beim Untersuchungsgegenstand der Arbeit
vorgenommen werden. Die vorliegende Arbeit beschäftigt sich deshalb nur mit
den Vindikationsansprüchen, welche sich auf bundesdeutsche Rechtsquellen
begründen. Hauptaugenmerk liegt dabei auf den Bestimmungen des deutschen
Bürgerlichen Gesetzbuches nach der Schuldrechtsreform 2001, insbesondere
dem Sachenrecht. Andere Anspruchsgrundlagen, z.B. vor ausländischen Gerichten, werden hier bewusst ausgeklammert.

2 Schmerzhafte Geschichte

2.1 Historische Betrachtung

In den zwölf Jahren der nationalsozialistischen Herrschaft kam es in deren Einflussgebieten zu einer bis dahin nicht gekannten Umverteilung ökonomischer Ressourcen und kultureller Werte, welcher zum größten Teil unter staatlichen Zwang erfolgte. Der Euphemismus „Umverteilung" steht hier für das Spannungsfeld von nach außen ordnungsgemäßen Rechtgeschäften, über die vermeintlich freiwilligen Veräußerungen bzw. Abgaben unter Druck (Zwangsverkäufe), sowie Enteignungen, Beschlagnahmen oder Plünderungen. Die Schicksale der Betroffenen reichten von deren teilweisen Entschädigung über ihre entschädigungslose Vertreibung bis hin zu deren physischer Vernichtung. Zum Kreis der Betroffenen gehörte grundsätzlich jeder, der nicht in die nationalsozialistische Weltanschauung passte bzw. sich ihr nach außen hin widersetzte. Die Nachkriegsgesetzgebung hat hier in Verfolgung aus rassischen, politischen, religiösen oder weltanschaulichen Gründen unterschieden[5]. Die Forschung hat erst in jüngerer Vergangenheit die Opfergruppen differenzierter betrachtet: z.b. Opfergruppen lokaler Natur und die der Homosexuellen[6]. Die größte Opfergruppe war die der jüdischen Bürgerinnen und Bürger, welche eine zentrale Rolle in der nationalsozialistischen Weltanschauung einnahm. Deshalb wird diese Gruppe in dieser Arbeit eine große Beachtung finden. Trotzdem werden die anderen Opfergruppen ebenfalls berücksichtigt, da sich die Restitution um die Wiederherstellung der Eigentumsverhältnisse bzw. deren Entschädigung für alle der genannten Opfergruppen bemüht.

In ihrer perfiden Weltanschauung waren die Nationalsozialisten stets bemüht, Benachteiligungen bestimmter Gruppen einen vom sogenannten Volkswillen getragenen und formaljuristisch abgesicherten Anschein zu geben. Sprachlich wurden die Plünderungen in den besetzten Gebieten, wie z.B. Frankreich, mit dem Begriff „Sicherstellungen" umschrieben. Es wurden zahlreiche diskriminierende Gesetze und Verordnungen erlassen, die massive Eigentumsverschiebun-

---

5   vgl. Artikel 1 amerikanisches Militärregierungsgesetz Nr. 59 (dieses nennt noch die Nationalität als Verfolgungsgrund), § 1 (1) Bundesentschädigungsgesetz, § 1 (6) Vermögensgesetz, etc.

6   vgl. dazu z.B. die Ausführungen von Pawlowsky und Wendelin

gen begründen sollten. Die Arbeit will daher auch klären, inwieweit diese überhaupt neue Eigentumsverhältnisse begründen konnten.

Nach dem Krieg blieben viele Werke verschollen, was es den ursprünglichen Eigentümern bzw. ihren Nachfahren erschwerte, konkrete Ansprüche im Rahmen der nach 1945 geschaffenen Restitutionsmöglichkeiten zu stellen. Es bestand zwar die Möglichkeit, bei verschollenen Gegenständen, Ausgleichszahlungen zu erhalten, diese waren aber begrenzt[7]. In der Nachkriegszeit florierte der Handel mit Kunstwerken höchst zweifelhafter Herkunft, ohne dass sich die Öffentlichkeit daran zu stören schien[8].

Erst der Focus-Artikel 2013 machte den Namen Gurlitt einer breiten Öffentlichkeit bekannt. Zunächst rückte der Sohn, Cornelius Gurlitt, als stiller Verwalter der Sammlung ins Blickfeld der Öffentlichkeit. Den Vater, Hildebrand Gurlitt, schien die Öffentlichkeit davor schon längst vergessen zu haben, obwohl dessen Sammlung aus den Fünfzigerjahren zumindest den Kunstexperten bekannt gewesen sein muss[9]. Um den Weg der sogenannten Sammlung Gurlitt nachvollziehen und einordnen zu können ist es notwendig, deren Vorgeschichte, soweit dies überhaupt möglich ist, nachzuzeichnen. Die grundlegenden Weichen für die weitere Entwicklung wurden ab dem 30. Januar 1933 gestellt.

In den nachfolgenden Kapiteln sollen deshalb zunächst die entscheidenden Entwicklungen im Deutschen Reich und in Österreich betrachtet werden.

2.2 Phasen der Enteignungen in Deutschland

Schon mit der sogenannten Machtergreifung am 30. Januar 1933 begann eine Zäsur in der deutschen Geschichte mit Auswirkungen, welche an Aktualität bis heute nichts eingebüßt haben, was die rechtliche Bewertung des sogenannten Schwabinger Kunstfundes zeigt.

Zunächst sollen die verschiedenen und umfangreichen Eingriffe in die Vermögensrechte der damaligen Eigentümer einer Ordnung unterzogen werden. Dabei wird auch auf die divergierenden Einordnungen eingegangen.

Petropoulos nimmt eine Abgrenzung mit der sogenannten Reichskristallnacht vor: Erst danach hätten die Nationalsozialisten gezielt versucht, sich jüdischen Besitz anzueignen. Davor sei nur das Eigentum der emigrierten Juden

---

7 vgl. z.B. BRüG § 32 Abs. 2
8 vgl. Koldehoffs Kritik an den westdeutschen Kunsthändlern der Nachkriegszeit, sowie bei Hartung, der die Ignoranz des internationalen Kunsthandels nach 1945 kritisiert (Hartung S. 126)
9 vgl. Koldehoff/Oehmke/Stecker S. 95, Koldehoff S. 34 und Spiegel-Dokumentation „Entartet! Die Nazis und die Kunst"

beschlagnahmt worden[10]. Dagegen setzt Hartung schon viel eher, bei Maßnahmen, welche sich zunächst nicht konkret gegen Juden, sondern gegen politische
Gegner richteten, an[11]. Damit wird ein Zeitpunkt unmittelbar nach der sogenannten Machtergreifung als Beginn der Eingriffe in Vermögensrechte benannt. Hartung setzt den Beginn der Kollektivverfolgung gegen Juden somit unmittelbar
mit dem 30. Januar 1933 an, wobei er den Opferkreis auf Personen ausweitet, die
durch den Nationalsozialismus kulturell oder wirtschaftlich ausgegrenzt werden
sollten[12]. Er benennt hier das Gesetz über die Einziehung kommunistischen
Vermögens vom 26. Mai 1933 und das Gesetz über die Einziehung volks- und
staatsfeindlichen Vermögens vom 14. Juli 1933. Diese Gesetze richteten sich
formal gegen politische Gegner des Nationalsozialismus, dennoch konnten die
unbestimmten Rechtsbegriffe „kommunistische" bzw. „volks- und staatsfeindli-
che Bestrebungen" weit ausgelegt werden und wurden auch auf jüdische Mitbürger angewendet[13]. Die Einführung der Nürnberger Gesetze zum 15. September
1935 sieht Hartung als Beleg für die drastische Verschärfung der Verfolgungssi-
tuation der Juden in Deutschland[14]. Es häuften sich Versteigerungen (sogenannte
Judenauktionen). Immer häufiger wurden aber Beschlagnahmen zur „Sicherstellung" sowie Zwangsverkäufe eingesetzt, um der Kulturgegenstände habhaft zu
werden[15]. Hartung nennt als nächste Verfolgungsmaßnahme die Verordnung
über die Anmeldung des Vermögens von Juden vom 26. April 1938, auch als
„Tarnverordnung" bezeichnet[16]. Sie verlangte die Anmeldung des in- und ausländischen Vermögens von Juden über 5 000 Reichsmark. In § 7 der Verordnung
wurde der Beauftragte für den Vierjahresplan (Hermann Göring) ermächtigt,
„Maßnahmen [zu] treffen, die notwendig sind, um den Einsatz des anmelde-
pflichtigen Vermögens im Einklang mit den Belangen der deutschen Wirtschaft
sicherzustellen."[17] Hartung erklärt, dass damit im Regelfall die Konfiskation
jüdischer Kulturgüter in Form von Sicherstellung bzw. der Zwangsverkauf oder
die Auferlegung eines Treuhänders verstanden wurde[18]. Ihr folgte die Verordnung über den Einsatz des jüdischen Vermögens vom 03. Dezember 1938. § 14

---

10   vgl. Petropoulos S. 121
11   vgl. Hartung S. 39
12   ebd. S. 180; eine politische Ausgrenzung zeigte sich in den beiden nachgenannten Gesetzen
13   vgl. Rudolph S. 37 und Anton I S. 417; Rudolph analysiert ebenso den Verfall jüdischen
      Vermögens, u.a. Kunstbesitzes, an das Reich auf Grundlage des Gesetzes über den Widerruf
      von Einbürgerungen und die Aberkennung der deutschen Staatsangehörigkeit vom 14. Juli
      1933 (S. 37); vgl. dazu auch Anton I S. 418
14   vgl. Hartung S. 181
15   ebd. S. 46
16   ebd. S. 40
17   ebd.
18   ebd.; mit dieser Verordnung sollte zudem nachträglich die Konfiskation der Sammlung Roth-
      schild in Wien am 16. März 1938 legitimiert werden.

sollte auf Grundlage des § 7 der Verordnung einen ungehinderten Zugriff auf jüdisches Kunsteigentum ermöglichen[19]. Spätestens hier verneint Hartung jede freie Verfügung eines Juden über sein Eigentum[20]. Mit der elften Verordnung zum Reichsbürgergesetz vom 25. November 1941 wurde zynischerweise den im Ausland - zumeist schon in Arbeits- oder Konzentrationslagern bzw. Ghettos - aufhältigen Juden nicht nur die deutsche Staatsangehörigkeit, sondern auch ihr Vermögen aberkannt. Es verfiel an das Deutsche Reich[21].

Rudolph unterscheidet drei Formen der Entziehungen des jüdischen Kunstbesitzes ab dem 30. Januar 1933: die „freiwillige" Entziehung durch Rechtsgeschäft, die zwangsweise Entziehung durch staatlichen Hoheitsakt und unkontrollierte Handlungen von Einzelpersonen wie Parteifunktionären oder Zivilpersonen[22]. Die beiden ersten Formen werden von ihr zeitlich durch die Verordnung über den Einsatz des jüdischen Vermögens vom 03. Dezember 1938, welche die Phase der zwangsweisen Entziehung einleitete[23], theoretisch abgegrenzt[24]. In den nachfolgenden Durchführungsverordnungen zu dieser Verordnung wurden die Zwangsverkäufe u.a. der Kunstgegenstände im Interesse des Deutschen Reiches geregelt[25]. Die erste Form der von ihr beschriebene „freiwilligen" Entziehung unterteilt sie anhand der Regelungen der alliierten Rückerstattungsgesetze zeitlich in zwei Phasen auf: Vor und nach dem Inkrafttreten des Reichsbürgergesetzes am 15. September 1935[26]. Den Höhepunkt der Beraubung der Juden sieht Rudolph mit der elften Verordnung zum Reichsbürgergesetz vom 25. November 1941[27] und den damit einhergehenden Vermögensverfall an das Reich.

Wagner dagegen sieht die sogenannte Arisierung als komplexen politischen und gesellschaftlichen Prozess[28] mit einem großen Kreis von Profiteuren, der bis 1938 keinesfalls zentral gelenkt wurde. Er unterscheidet fünf Phasen der „Arisierung": 1933 bis 1935 mit zum Teil fairen Verkäufen, ab 1935 unter Einfluss und Steuerung der Gauwirtschaftsberater der NSDAP mit dem Ende der Vertragsfreiheit, ab 1936 mit der verschärften Devisenpolitik und direkter staatlicher Enteignung von jüdischem Geldvermögen, ab 1938 durch die stärkere Steuerung

---

19   ebd.
20   ebd. S. 181 und Hartung in Schoeps und Ludewig S. 161
21   vgl. Hartung S. 41 f
22   vgl. Rudolph S. 24 f
23   ebd. S. 32
24   ebd. S. 25; § 14 Abs. 1 der Verordnung verbot Juden insbesondere die freihändige Veräußerung von Kunstgegenständen
25   ebd. S. 35 f
26   ebd. S. 25
27   ebd. S. 15
28   Wagner in Goschler und Lillteicher S. 33

der „Arisierung" durch die Berliner Zentralstellen und ab November 1938 die „staatlich forcierte Zwangsarisierung"[29].

Bajohr bezeichnet die „Arisierung" in Deutschland zunächst als schleichend und sieht hier außenpolitische Rücksichtnahme als Gründe. Die Radikalisierungsschübe hätten ihre Höhepunkte 1938/39 erlebt[30]. Er beschreibt diese „Arisierung" als lokal und regional durch die verschiedenen Entscheidungsträger dominiert. So habe es kein zentrales Arisierungs- oder Enteignungsgesetz bzw. eine zentrale Genehmigungsinstitution zur Koordination im „Altreich" gegeben[31]. Er unterscheidet ebenfalls mindestens fünf Stufen der „Arisierung" im Deutschen Reich: Die Einflussnahme der Gauwirtschaftsberater 1935/36 zur Genehmigung für Arisierungsverträge, die verschärfte Devisengesetzgebung und -überwachung[32] 1936/37, die Verschärfung antijüdischer Aktionen durch das Reichswirtschaftsministerium 1937/38, das Vorantreiben der „Arisierungen" über Verordnungen seit Mai 1938 und der Übergang zur „Arisierung" unter Zwang im Anschluss an das Novemberpogrom 1938[33].

Spannuth kommt zu dem verheerenden Resümee: „Das gesamte Vermögen der Juden war betroffen, und spätestens mit dem Jahr 1942 war jeder Jude individuell und jede jüdische Organisation seines bzw. ihres Eigentums beraubt worden."[34]

Anton unterteilt die Raubkunstproblematik in Deutschland dagegen rechtstechnisch in zwei Phasen[35], wobei er dabei grundsätzlich von deutschen Staatsbürgern, also nicht nur Juden, als Opfern ausgeht[36]. Die erste Phase beinhalte formal freiwillige Veräußerungen der verfolgten Personen von kulturellen Gütern, die aber auf Drohung, Zwang, Gewalt, zur Sicherung von Existenz und Lebensgrundlage bzw. zur Vorbereitung und Durchführung der Emigration (insbesondere auf sogenannten speziellen Judenauktionen) dienten. Anton wählt hier den Begriff „kulturelles Fluchtgut"[37]. Diese Phase bewirkte, dass die deutschjüdischen Sammlungen fast vollständig aufgelöst wurden[38]. Dabei unterteilt Anton diese Phase entsprechend der alliierten Rückerstattungsgesetze in Rechtsgeschäfte vor und nach Inkrafttreten der Nürnberger Gesetze zum 15. September

---

29   ebd. S. 34
30   vgl. Bajohr in Goschler und Lillteicher S. 40
31   ebd.; so hatte das Reichswirtschaftsministerium nur eine randständige Rolle als Beschwerdeinstanz bzw. hatte Entscheidungsrecht bei Unternehmen mit mehr als 1000 Beschäftigten
32   vgl. Bajohr in Goschler und Lillteicher S. 43
33   ebd. S. 41
34   Spannuth in Goschler und Lillteicher S. 260
35   vgl. Anton I S. 404 f
36   ebd. S. 409; Anton führt weitere Opfergruppen aus: Freimaurer, Kommunisten, Sozialdemokraten, Gewerkschafter und Kirchen und letztlich alle Andersdenkende und -lebende
37   ebd. S. 405
38   vgl. ebd. S. 406

1935 („Reichsbürgergesetz")[39]. Bei der rechtlichen Bewertung sieht Anton die Problematik, dass für eine Begründung der zivilrechtlichen Nichtigkeit dieser sicherlich zumeist unfreiwilligen Veräußerungen eine durch den Staat aber nur indirekte und mittelbare Zwangslage für die Veräußerer geschaffen wurde[40]. Die zweite Phase der Raubkunst begründet die seit 1938 einsetzende systematische Zwangsverstaatlichung (Beschlagnahme, Konfiskation und Enteignung)[41]. Für Anton ist das Jahr 1938 der Wendepunkt, der zur Beschleunigung der Enteignung, vor allem des jüdischen Bevölkerungsteils, führte[42]. Ab diesem Zeitpunkt führte staatlicher Zwang, u.a. durch Sicherstellungen, zur Auflösung der bis dahin noch nicht veräußerten jüdischen Kunstsammlungen, um sie in Staatseigentum überzuführen und gegebenenfalls finanziell zu verwerten. Anton spricht hier von einem direkten und unmittelbaren Entziehungsakt der Behörden, eine staatlich erzwungene Enteignung[43]. Auch Anton sieht in der elften Verordnung zum Reichsbürgergesetz vom 25. November 1941 „eine formal-legale Rechtsgrundlage zur restlosen Beraubung der verfolgten Juden"[44]. Des Weiteren unternimmt Anton noch eine Unterteilung der nationalsozialistischen Entziehungstatbestände in sechs rechtlich divergierende Entziehungstatbestände[45]. Diese interessante Einordnung soll hier trotzdem aufgeführt werden, obwohl sie die territoriale Begrenzung des Kapitels sprengt. Die beiden ersten Phasen bleiben aber für das Kapitel relevant. Die kulturellen Vermögensverluste liegen erstens in der Beschlagnahme der modernen Kulturgüter (sogenannte Entartete Kunst). Es folgte die Konfiskation des Besitzes von Juden in Deutschland und Österreich u.a. durch „Arisierungen". Drittens: Konfiskation von jüdischem Besitz außerhalb des Deutschen Reiches durch deutsche Besatzungsbehörden. Viertens: Die Entziehung bei individuellen, nichtjüdischen Einzelpersonen außerhalb des Deutschen Reiches vor allem in Osteuropa. Fünftens: Die Entziehung von kulturellen Wertgegenständen, welche sich im Besitz religiöser Organisationen bzw. Institutionen befanden (vor allem in Osteuropa). Die letzte Kategorie beinhaltet den staatlichen Kulturbesitz in den besetzten Ländern[46].

Die Dokumentation mit dem Titel Menschliches Versagen - „Arisierung" von jüdischem Eigentum und Vermögen von Michael Verhoeven stellt fest, dass mit der Auswanderung der Juden deren Enteignung beginnt, insbesondere durch die exzessive Anwendung der sogenannten Reichsfluchtsteuer von 1931 durch

---

39   vgl. ebd. S. 482
40   vgl. ebd. S. 484
41   vgl. ebd. S. 404 f
42   vgl. ebd. S. 417
43   vgl. ebd. S. 1010
44   ebd. S. 1050
45   vgl. ebd. S. 302
46   ebd. S. 302 f

den nationalsozialistischen Staat. Selbst nach Zahlung dieser konnte das restliche Vermögen nicht ohne weiteres ins Ausland zur Emigration transferiert werden. Vielmehr mussten Bank- und Wertpapierguthaben auf Sperrkonten übertragen bzw. konnten nur gegen hohe Abschläge ins Ausland transferiert werden. Zudem darf nicht vergessen werden, dass die Juden mit dem übrigen Geld, in Deutschland oftmals ihrer Existenzgrundlage beraubt, ihren Lebensunterhalt bestreiten mussten. Viele, die Deutschland verlassen konnten, hatten nur die spätere Devisenfreigrenze von zehn Reichsmark in der Tasche.

Einen weiteren staatlichen Eingriff in Eigentumsrechte stellte das Gesetz über die Einziehung von Erzeugnissen entarteter Kunst vom 31. Mai 1938 (sogenanntes Einziehungsgesetz) dar. Es beschränkte sich aber auf Werke in Museen oder der Öffentlichkeit zugänglichen Sammlungen (§ 1 des Gesetzes).

Schon die Proklamation Nr. 1 von General Eisenhower an das deutsche Volk vom März 1945 kündigte im ersten Absatz an, dass „die grausamen, harten und ungerechten Rechtsätze [...], die von der NSDAP geschaffen worden sind, [aufgehoben werden]...". Es erfolgte schon hier keine Unterscheidung in Radikalisierungsphasen, bei denen von einer sich immer weiter verschärfenden Unterdrückung ausgegangen wurde. Entsprechend der Rückerstattungsgesetze der Westalliierten wurde die Grundlage für eine Rückerstattung an Verfolgten „aus Gründen der Rasse, Religion, Nationalität, Weltanschauung oder politischer Gegnerschaft gegen den Nationalsozialismus [...] in der Zeit vom 30. Januar 1933 bis zum 08. Mai 1945" ohne Unterscheidung in einzelne Phasen gelegt[47].

Es bleibt festzuhalten, dass es dem nationalsozialistischen Regime darauf ankam, der Umwandlung vor allem jüdischen Vermögens einen legalen Anschein zu verpassen. Die Eingriffe wurden per Gesetz oder Rechtsverordnung legitimiert. Damit wurden nach außen scheinbar legale direkte und unmittelbare Entziehungsakte geschaffen, um die Beraubung von unliebsamen Bevölkerungsteilen zu legitimieren. Eine davor geschaffene indirekte und mittelbare Zwangslage für die Betroffenen durch einzelne Aktionen von Parteidienststellen, einzelnen Bevölkerungsteilen bzw. die Veränderung des gesamtgesellschaftlichen Klimas, oder Berufsverbote mit den entsprechenden wirtschaftlichen Folgen zuungunsten einzelner Bevölkerungsteile, hatte die zum größten Teil nur nach außen freiwillig erscheinenden Veräußerungen davor schon forciert. Zudem wurde die Reichsfluchtsteuer immer weiter erhöht und die Bemessungsgrenzen herabgesetzt[48]. Ende 1938 wurde den ausreisewilligen Juden die Mitnahme ihrer Vermögensgegenstände, insbesondere Kunstwerken, erschwert, da sie den Devi-

---

47   vgl. Artikel 1 Militärregierungsgesetz Nr. 59, welches zunächst für die amerikanische Besatzungszone und die britische angewendet wurde; in der französischen und britischen Besatzungszone folgten später ähnlich lautende Gesetze

48   vgl. Rudolph S. 33

senstellen genaue Angaben darüber machen mussten[49]. Es folgte eine Genehmi-
gungspflicht für die Mitnahme von Umzugsgut[50] bis hin zum Mitnahmeverbot[51].
Dass die Notverkäufe der zur Ausreise Genötigten (u.a. durch eklatante Einschränkungen im Wirtschaftsleben) von verschiedenen Beteiligten schamlos
ausgenutzt worden, um sich selber zu bereichern, liegt auf der Hand.

Den Höhepunkt bildete schließlich die dreizehnte Verordnung zum Reichs-
bürgergesetz vom 01. Juli 1943, die die deutschen Juden außerhalb jeglichen
Rechts stellte. Generell wurde die Vermögensbeschlagnahme der ermordeten
Juden verfügt[52].

Der Autor vertritt die Meinung, dass eine erste Unterdrückungsstufe unmittelbar mit dem 30. Januar 1933 einsetzte: Die Erschwerung der wirtschaftlichen
Situation, u.a. durch Berufsverbote etc. Die zweite einschneidende Phase beginnt
mit dem Inkrafttreten der Nürnberger Gesetze speziell für die Juden im September 1935 und eine dritte mit dem Pogrom und den kurz darauf einsetzenden
staatlichen Verordnungen zur Zwangsabgabe jüdischen Vermögens 1938, den
wirtschaftlichen Verfolgungsmaßnahmen.

Es wird aber betont, dass es auch andere Opfergruppen als die Juden gegeben hat. Sie nehmen aber eine herausragende Stellung in der Untersuchung ein,
da sich ein Großteil der Verfolgungsmaßnahmen der Nationalsozialisten gegen
sie richtete. Eingriffe in die Vermögensrechte richteten sich zum Großteil gegen
jüdische Mitbürger, was auch ihre explizite Benennung in zahlreichen Verordnungen bzw. Gesetzen belegt.

Trotzdem sollte hier eine differenzierte Betrachtung erfolgen, da es Rechtsgeschäfte gegeben haben könnte, welche trotzdem freiwillig erfolgt sind[53]. Insbesondere in der von Anton beschriebenen ersten Phase der formal freiwilligen
Veräußerungen sieht der Autor die Möglichkeit noch freier und nicht zu bean-
standender Rechtsgeschäfte. Hierbei muss aber eine genaue Prüfung der Einzelfälle erfolgen. So kann die Auferlegung der sogenannten Reichsfluchtsteuer bzw.
Devisenbestimmungen eine Einschränkung bedeuten. Gute Grundlagen einer
differenzierten Prüfung bieten dabei die Ausführungen in den verschiedenen
Rückerstattungsgesetzen.

---

49   u.a. durch das Gesetz über die Devisenbewirtschaftung vom 12. Dezember 1938
50   ebd. S. 33 f; u.a. durch den Runderlass des Reichswirtschaftsminister Nr. 38/38 vom 13. Mai
      1938 und das Gesetz über die Devisenbewirtschaftung vom 12. Dezember 1938
51   vgl. Rudolph S. 234 f
52   vgl. Anton I S. 432
53   vgl. Koldehoff/Oehmke/Stecker S. 77

2.3 Beteiligte Stellen im Deutschen Reich

Wie Bajohr bereits ausführte, lässt sich zunächst keine zentrale Steuerung der „Arisierung" feststellen. Die Regierung bereitete - hauptsächlich über das Reichswirtschaftsministerium - nur den fiskalischen und monetären Rahmen durch Steuern und Zwangsabgaben. Konkrete Handlungen hätten zumeist bei den regionalen Entscheidungsträgern gelegen, wie den lokalen Wirtschaftsbehörden und NSDAP-Gauwirtschaftsberatern in den Großstädten und den Bürgermeistern, Landräten und Mitgliedern lokaler Parteiorganisationen auf dem Land[54]. Dies dürfte auch mit dem für den Nationalsozialismus typischen, verschiedenen miteinander konkurrierenden Wirrwarr aus staatlichen und Parteiinstanzen erklärbar sein. So ist - neben dem zuständigen Reichswirtschaftsministerium - eine besondere Einflussnahme durch den Beauftragten für den Vierjahresplan, Hermann Göring, erkennbar[55]. Bajohr betont auch, dass sich verschiedenste Parteidienststellen mit teilweise eigenen „Arisierungsstellen" der Gauleitung der Partei oder mit einbehaltenen „Zwangsspenden" bereicherten[56]. Trotzdem bemühten sich die Machthaber bei der Enteignung um ein nach außen rechtlich abgesichertes Verfahren im Einklang des deutschen Rechts- und Verwaltungssystems[57].

§ 4 der „Verordnung über die Anmeldung des Vermögens von Juden" vom 26. April 1938 verlangte die Anmeldung von Vermögen über 5 000 Reichsmark bei der „zuständigen höheren Verwaltungsbehörde". Die genaue Stelle wurde in § 6 der Verordnung festgelegt.

Lillteicher betont die große Rolle der Städte und Gemeinden beim Ankauf von Schmuck und Edelmetall, welche sie auf eigene Rechnung verwerten durften. Dementsprechend wurden den Verkäufern Preise unter den vom Reich festgesetzten Ankaufspreisen bezahlt, um diese mit Gewinn weiterzuverkaufen, was der Aufbesserung der kommunalen Haushalte diente[58]. Zudem hat die Gestapo bei Versteigerungsaktionen von Umzugsgut mitgewirkt[59]. Als Abwesenheitspfleger bezeichnete Personen hatten zudem unter Missachtung der Aufsichts-

---

54 vgl. Bajohr in Goschler und Lillteicher S. 40; Bajohr beschreibt diesbezüglich auch das Entstehen verschiedener NS-Tarnorganisationen, welche sich über „Zwangsspenden" finanzierten (S. 41).

55 dieser hatte die Verordnung auch erlassen; zudem Übernahm Göring 1937 kommissarisch das Reichswirtschaftsministerium (vgl. Bajohr in Goschler und Lillteicher S. 43)

56 ebd. S. 40 f

57 vgl. Pawlowsky und Wendelin S. 226

58 vgl. Lillteicher in Goschler und Lillteicher S. 153

59 ebd. S. 152

pflicht durch die Oberlandesgerichte Genehmigungen zur Versteigerung des Umzugsgutes der Juden erhalten[60].

Eine besondere Rolle kam den Oberfinanzpräsidien[61] bzw. den Finanzbehörden[62] als Verwalter des enteigneten jüdischen Vermögens zu[63]. Sie beauftragten Gerichtsvollzieher für Versteigerungen im Interesse des Staates und der restlichen Bevölkerung. Die zweite Gruppe konnte sich kostengünstig mit Hausrat und anderen Gegenständen eindecken, wobei bei den Versteigerungen immer der Hinweis auf die Herkunft „aus nichtarischem Besitz" erfolgte[64], was zu einer Art Goldgräberstimmung führte. Dabei fanden die Versteigerungen keinesfalls versteckt statt, sondern im Rahmen öffentlicher Auktionen. Die städtischen Pfandleihanstalten oder Leihämter wurden auf Grundlage der „Verordnung über den Einsatz des jüdischen Vermögens" zu zentralen Ankaufs- und Sammelstellen für Wertgegenstände aus Edelmetall, um sie im Sinne der Reichsfinanzen zu verwerten[65].

Erst ab 1938 wurde von den Berliner Zentralstellen stärker versucht, die „Arisierung" stärker zu steuern, wie Wagner festhält[66].

Die „Verordnung zur Durchführung der Verordnung über den Einsatz des jüdischen Vermögens", welche am 16. Januar 1939 in Kraft trat, bestimmte die öffentliche Ankaufstelle für Kulturgut in Berlin als reichsweite Ankaufstelle von Kunstgegenständen aus jüdischem Besitz. Die Einrichtung dieser Stelle sollte allerdings noch zwei Jahre benötigen[67]. Per Verordnung wurde dann im April 1941 die Reichskammer der bildenden Künste zur zentralen Ankaufstelle von Kulturgütern festgelegt[68]. Sie bestimmte u.a., ob Schmuck und insbesondere ob und wie Kulturgüter aus jüdischem Besitz veräußert werden durften[69].

Die Beschlagnahme der sogenannten Entarteten Kunst erfolgte auch unter der Federführung der Reichskammer der Bildenden Künste[70].

Es bleibt festzuhalten, dass bei den Enteignungsmaßnahmen, vor allem der Juden, verschiedenste staatliche Akteure und Stellen der Partei beteiligt gewesen waren. Auch sind die Vorgänge nicht - entgegen vieler Behauptungen von Zeitzeugen - heimlich durchgeführt worden, sondern fanden unter aktiver Beteili-

---

60 ebd.
61 heute: Oberfinanzdirektionen
62 vgl. Anton I S. 419
63 Prof. Wolfgang Dreßen in der Dokumentation mit dem Titel Menschliches Versagen - „Arisierung" von jüdischem Eigentum und Vermögen von Michael Verhoeven
64 ebd.; Dreßen spricht ebenfalls von einem bereits 1933 einsetzenden Enteignungsprozess
65 ebd.
66 vgl. Wagner in Goschler und Lillteicher S. 34
67 vgl. Rudolph S. 35
68 ebd.
69 ebd. S. 35 f
70 vgl. Kunze S. 39 ff

gung und mit vielen Profiteuren in der Bevölkerung, z.b. bei Versteigerungen bei sogenannten Judenauktionen, statt. Zusätzlich bleibt zu erwähnen, dass ein erheblicher Teil der Erlöse vom Reich benutzt wurde, um den Krieg zu finanzieren[71].

2.4 Entwicklung in Österreich

Mit der als Anschluss bezeichneten Annektierung Österreichs am 13. März 1938 startete für das Land eine Verfolgungs- und Enteignungswelle, welche sich durch ihre Radikalität von der im Deutschen Reich deutlich unterschied. Zudem beteiligte sich die Bevölkerung in einem viel größeren Ausmaß an den Ausschreitungen und Enteignungen[72] in Form eigenmächtiger Aktionen[73], was u.a. mit dem bereits fünfjährigen Vorlauf der Diskriminierung im Deutschen Reich begründet wird. Wagner spricht hier von einer „Pogrom-, Gewalt- und Plünderungswelle »von unten«"[74], einem Radikalisierungsprozess mit „Pilotfunktion" für das sogenannte Altreich[75]. Zeitzeugen verglichen die Zustände in Deutschland nach den sich radikalisierenden Zuständen in Österreich mit dem „Anschluss" als geradezu „phantastisch"[76], befanden sich die Juden in Österreich doch in einer lebensbedrohlichen Situation, die aufgrund von Aktionen aus der Bevölkerung heraus auch den Machthabern in ihrer Radikalität zu entgleiten drohte[77]. Im Mai 1938 wurde auf Veranlassung Görings die zentrale Vermögensverkehrsstelle, welche es im „Altreich" nicht gab, zur Überwachung und Beeinflussung der Zwangsarisierung geschaffen[78]. Am 20. August 1938 wurde in Wien die „Zentralstelle für jüdische Auswanderung" eingerichtet, welche eine zügige Auswanderung forcieren sollte[79]. Rupnow betont die besondere Rolle des Sicherheitsdienstes des Reichsführers-SS (kurz: SD) bei den Enteignungen in Österreich[80]. Er resümiert: „Die Beraubung endete erst mit der Ermordung, der Verwertungsprozess dauerte noch darüber hinaus an."[81] Das Auswanderungsverbot der Juden 1941 galt auch für die österreichischen Juden. Pawlowsky und Wendelin be-

---

71 vgl. Dokumentation mit dem Titel Menschliches Versagen - „Arisierung" von jüdischem Eigentum und Vermögen von Michael Verhoeven
72 vgl. dazu Pawlowsky und Wendelin
73 Pawlowsky und Wendelin sprechen von „wilde[n]" Arisierungen (ebd. S. 11)
74 vgl. Wagner in Goschler und Lillteicher S. 34, Hervorhebung im Original
75 ebd. S. 34 f und Anton I S. 423
76 vgl. Safrian in Goschler und Lillteicher S. 69
77 ebd. S. 69 f
78 ebd. S. 73 f
79 vgl. Rupnow in Pawlowsky und Wendelin S. 13
80 ebd. S. 16
81 ebd. S. 15

schreiben das Bemühen der Nationalsozialisten, auch in Österreich, Regeln für die Enteignungen einzuhalten und für diese eine rechtliche Basis zu schaffen, sodass formal der Begriff Raub nicht zutreffend erscheine[82], sondern ein „mit großer juridischer Finesse betriebene[r] Prozess [...] der Entrechtung und Depersonalisierung der Juden."[83] Hauptbetroffen waren in Österreich, wie im „Altreich", die Juden[84], wobei Anton hier von einer neuen Qualität ausging, da keine Unterscheidung mehr zwischen privatem und staatlichem Besitz bzw. Eigentum erfolgte[85].

Nach dem Krieg betonte Österreich seine Rolle als Opfer der nationalsozialistischen Expansionspolitik[86]. Die unmittelbare Rückstellungsgesetzgebung des österreichischen Staates nach 1945 wird als nur unzureichend beurteilt[87], da die verschiedenen Rückstellungsgesetze (bis 1947 wurden drei Rückstellungsgesetze erlassen[88]) sich als kompliziert gestalteten[89]. Mit dem Nichtigkeitsgesetz vom 15. Mai 1946 wurden die „Sicherstellungen" und die Ankäufe unter Drohung und Zwang für unwirksam erklärt[90]. Das Gesetz kannte zwar keine temporale Präklusion, das Fazit der Rückerstattung in Österreich fällt trotzdem ernüchternd aus: Beraubte und Ariseure fühlten sich als Verlierer, da sie beide Verluste erlitten. Durch hohe Ausgleichszahlungen mussten z.B. zurückerstattete Immobilien sofort weiterverkauft werden, um diese Zahlungen zu leisten. Eine Rückkehr zum Zustand vor 1938 gelang in Österreich deshalb nicht[91]. Artikel 26 des Staatsvertrages von Wien verpflichtete Österreich nach dem Krieg, Eigentum und weitergehende Interessen zurückzuerstatten. Gerade bei den allein nur in Wien „arisierten" rund 59 000 Wohnungen wurde dieses Ziel weit verfehlt[92]. Zudem beschränkten sich die Rückstellungen ausschließlich auf die Naturalrestitution, da Österreich aufgrund seiner Haltung als „Opfer" deutscher Aggression Entschädigungs- oder Schadensersatzzahlungen verweigerte[93].

Österreich betonte nach dem Krieg, dass es niemals Feindstaat, sondern von Deutschland besetzt gewesen sei. Deshalb wurde auch bewusst der Begriff

---

82 vgl. Pawlowsky und Wendelin S. 12, 226
83 ebd. S. 203; Fehler im Original
84 vgl. Anton I S. 307
85 ebd. S. 308
86 vgl. Pawlowsky und Wendelin S. 10
87 ebd. S. 11
88 Insgesamt gab es in Österreich sieben Rückstellungsgesetze und weitere Einzelmaßnahmen (vgl. Bailer-Galanda in Goschler und Lillteicher S. 163).
89 vgl. Pawlowsky und Wendelin S. 181; Eine verheerende Kritik als nachträgliche Legalisierung des Unrechts erfolgt in Anton I S. 540 ff.
90 vgl. Anton I S. 528
91 vgl. Pawlowsky und Wendelin S. 184
92 ebd. S. 200 f
93 vgl. Bailer-Galanda in Goschler und Lillteicher S. 164, 188

Rückstellung gewählt. Gemeinsam hatte es mit den deutschen Regelungen zur Rückerstattung die kurzen Anmeldefristen und dem Zustandekommen dieser Regelungen erst auf Druck der Amerikaner. Auch ließ sich Österreich bei der Rückstellung verhältnismäßig viel Zeit[94]. Erklärt wird die schleppende Aufarbeitung in Österreich mit damals weiterhin vorherrschenden antisemitischen Einstellungen und ein befürchtetes Verprellen des Wählerpotentials ehemaliger Nationalsozialisten[95].

Erst in den 1990er Jahren hat man die Versäumnisse der Vergangenheit erkannt. So hat Österreich, im Gegensatz zu Deutschland, seit 1998 ein verbindliches Kunstrückgabegesetz mit einer unabhängigen Kommission im Rahmen der Provenienzforschung[96], welches bei Österreichischen Bundesmuseen und Sammlungen mit einem verbindlichen Gesetz über freiwillige Selbstverpflichtungen hinausgeht[97]. Anton verweist darauf, dass in österreichischen Gemeinden und Städten zum Teil Sondergesetze zur Wiedergutmachung existieren. So sieht z.B. die Stadt Wien eine Rückübereignungspflicht vor[98].

2.5 Das sogenannte Führermuseum in Linz und die Sammeltätigkeit Görings

Das sogenannte Führermuseum in Linz bzw. „Sonderauftrag Linz" war ein persönliches Projekt Hitlers und diesem auch direkt unterstellt. Er wollte ein „europäisches Kunstmekka"[99] in Linz schaffen. Im Juni 1939 wurde Hans Posse, Direktor der Dresdner Gemäldegalerie, zum Leiter des „Sonderauftrags Linz" bestimmt[100]. Dabei sollte die nach Hitlers persönlichem Geschmack eingerichtete Privatsammlung, die sich ständig vergrößerte, der Öffentlichkeit präsentiert werden[101]. Dafür wurden auch Stücke aus Kriegsbeute ausgewählt. Der Umfang der Gemälde wird zwischen 4 800 und 8 000 eingeschätzt. Dabei verwischte Hitler, wie andere NS-Funktionäre, den Unterschied zwischen privater und staatlicher Sammlung[102].

---

94   vgl. Pawlowsky und Wendelin S. 232 f sowie Bailer-Galanda in Goschler und Lillteicher S. 167
95   Bailer-Galanda in Goschler und Lillteicher S. 169, 175
96   vgl. Koldehoff S. 273 und Anton I S. 550
97   vgl. Hartung S. 178
98   vgl. Anton I S. 570
99   vgl. Kunze S. 31
100 vgl. Koldehoff S. 156
101 ebd.
102 vgl. Petropoulos S. 234 und Anton I S. 298

Der Umgang mit entzogenen Kunstwerke aus jüdischen Sammlungen wurde mit dem Projekt des „Führermuseums" besonders geregelt: Per Erlass vom 9. Oktober 1940 wurde der zunächst nur für Österreich geltende „Führervorbehalt", mit dem Erstwahlrecht Hitlers[103], auch auf im „Altreich" entzogene Kunstwerke angewandt[104]. Werke die für Linz nicht infrage kamen wurden den deutschen Museen zum Kauf angeboten. Fand dort keine Verwendung statt, wurden sie versteigert[105]. Mit dem „Führermuseum" sollte eine deutsche Vormachtstellung auf dem Gebiet des Kunstsammelns dokumentiert werden[106]. Zur Zeit der Beschlagnahmungen jüdischen Eigentums in Frankreich war der Aufbau des „Führermuseums" Linz in vollem Gange[107]. Lager des „Sonderauftrages Linz" befanden sich im Schloss Neuschwanstein und in Altaussee[108].

Hipp sieht die Motivation im „Führermuseum", um „den Gegner demütigen und gleichzeitig den eigenen Besitz [zu] mehren."[109] Anton nennt das nie verwirklichte Projekt den „Prototyp eines Beutekunstmuseums"[110], die bekannteste Beuteorganisation im „Dritten Reich"[111]. Sie hatte, neben der Demonstration deutscher Vorherrschaft im Kulturbereich und die Herabwürdigung verfolgter Personengruppen, das Ziel, deutsches Kulturgut, welches bei früheren Kriegen verloren gegangen war, wieder zurückzuholen[112]. Anton nennt folgende Möglichkeiten, wie die Werke in Besitz des „Führermuseums" gelangten: Schenkung, „Arisierung", Beschlagnahme oder rechtsgeschäftlicher Kauf, in allen Fällen aber „aggressiv und ausbeuterisch"[113]. Der amerikanische Geheimdienst empfahl deshalb 1945, den „Sonderauftrag Linz" und deren Kunstbeauftragte zur verbrecherischen Organisation zu erklären und gerichtlich zu bestrafen[114].

Neben der Sammeltätigkeit Hitlers ist auch die Hermann Görings hervorzuheben, der die zur damaligen Zeit größte Privatsammlung Europas besessen haben soll, welche natürlich nicht sein Eigentum war[115]. Er trat mit seiner Sammeltätigkeit in Konkurrenz zu Hitler, eingeschränkt durch dessen Erstwahlrecht. Örtlich befand sich seine Sammlung hauptsächlich in seinem Landsitz „Carin-

---

103 vgl. Rudolph S. 49
104 ebd. S. 38; im Erlass ist vom „Vermögen von Staatsfeinden" die Rede vgl. auch Anton I S. 298
105 vgl. Rudolph S. 39 f
106 ebd. S. 48
107 ebd. S. 180
108 Spiegel-Dokumentation „Entartet! Die Nazis und die Kunst"
109 vgl. Hipp S. 21
110 Anton I S. 297
111 vgl. ebd. S. 296 f
112 ebd. und S. 299
113 ebd. S. 298
114 ebd. S. 299
115 vgl. Hartung S. 29 f und Welsh-Ovcharov in Schoeps und Ludewig S. 89

hall"[116]. Göring achtete peinlichst darauf, dass seine Sammlung nach außen einen legalen Anschein hatte[117]. Seine Sammeltätigkeit wird mit Besessenheit umschrieben[118]. So soll er der gierigste Kunsträuber der Nationalsozialisten gewesen sein und Werke im Wert von mehreren Millionen Reichsmark nach Deutschland verbracht haben[119]. Göring plante ein umfangreiches Museum, das Hermann-Göring-Museum, in „Carinhall"[120].

2.6 Kunstraub in den von Deutschland besetzten Gebieten

Eine europäische Dimension des deutschen Kunstraubes sollen die nachfolgenden Ausführungen vermitteln. Dabei liegt das Hauptaugenmerk auf den von Deutschland besetzten Teil Frankreichs. Dieser soll sinnbildlich für die besetzten Gebiete in Westeuropa stehen. Der Unterschied zum Kunstraub in den besetzten Gebieten in Osteuropa soll am Ende des Kapitels aufgezeigt werden.

In verschiedenen Anordnungen bzw. Befehlen gab Hitler persönlich die Weisung, Kulturgüter in den besetzten Ländern, wie z.B. Frankreich, zu beschlagnahmen. Zu nennen ist u.a. der Befehl vom 30. Juni 1940 zur Sicherstellung der „…- neben den im französischen Staatsbesitz befindlichen Kunstschätzen auch die im privaten, vornehmlich jüdischen Besitz befindlichen Kunst- und Altertumswerte …"[121] und der „Führerbefehl" an Alfred Rosenberg, vom 01. März 1942, der diesen bemächtigte, Büchereien und Archive, deren Eigentümerschaft man Juden oder Freimaurern zuordnete, zu beschlagnahmen[122]. Zuvor ermächtigten die „Führerbefehle" vom 05. Juli 1940 den „Einsatzstab Reichsleiter Rosenberg"[123] (ERR) u.a. „herrenlosen jüdischen Besitz[…]" zu beschlagnahmen[124]

---

116 vgl. Rudolph S. 49 und Koldehoff S. 123
117 vgl. Anton I S. 347 und Knopf und Martens S. 126 f
118 Phoenix-Dokumentation „Göring - eine Karriere 2/3"; So wurde für Göring die „Sammlung Eugen Gutmann" beschlagnahmt. Der Sohn Gutmanns, Friedrich Gutmann, und dessen Ehefrau wurden als Zeugen ermordet.
119 Spiegel-Dokumentation „Entartet! Die Nazis und die Kunst"
120 Phoenix-Dokumentation „Göring - eine Karriere 2/3"; Vertiefende Informationen zur Sammeltätigkeit Görings bei Knopf und Martens.
121 vgl. von Schorlemer S. 275 und Anton I S. 327
122 vgl. Hartung S. 37
123 Zudem waren auch die Organisationen des „Kunstschutzes", des „Sonderkommandos Künsberg" und des „Ahnenerbes" der SS und insbesondere in Frankreich die Geheime Feldpolizei, die Deutsche Botschaft und das Devisenschutzkommando (Deschuko) beteiligt; vgl. Hartung S. 36 f, Rudolph S. 50 f, 169; Die Organisationen kennzeichneten die Werke mit eigenen Signaturen, z.B. mit „ERR" für „Einsatzstab Reichsleiter Rosenberg"; vgl. Rudolph S. 225
124 vgl. Koldehoff S. 124

und vom 17. September 1940 „jeglichen herrenlosen Kulturbesitz sicherzustel-len"[125]. Auf Anordnung des Leiters der deutschen Besatzung in Frankreich vom 18. Oktober 1940 musste das gesamte jüdische Vermögen angemeldet werden[126]. Jüdische Kunstsammlungen waren in Frankreich am stärksten betroffen[127]. Hier dominierte der Eigentumsverlust durch Beschlagnahme[128].

Die Beschlagnahmungen von öffentlichen wie privaten Sammlungen ver-stießen aber, trotz der Allbeteiligungsklausel, gegen die Haager Landkriegsord-nung, die auch Plünderungen untersagte, wie auch der Internationale Militärge-richtshof in Nürnberg feststellte[129].

Die Londoner Erklärung von 1943, in der sich die Alliierten das Recht vor-behielten, „jede Übertragung oder Veräußerung von Eigentum, Guthaben, Rech-ten und Anrechten, welcher Natur sie auch seien,..." für unwirksam zu erklären, konnte die Plünderungen letztendlich nicht verhindern[130]. In Frankreich wurde öffentliches Eigentum weitestgehend von den Plünderungen verschont und überwiegend als „herrenlos" bezeichnetes jüdisches Privateigentum konfis-ziert[131]. Dagegen wurde in der besetzten Sowjetunion auch öffentliches Kultur-gut geplündert[132]. Der Entzug von Kulturgütern in den von Deutschland besetz-ten Ländern ereignete sich unter verschiedenen rechtlichen Bezeichnungen bzw. tatsächlichen Handlungen, wie Konfiskation, Beschlagnahme, Enteignung und „Sicherstellung"[133]. Hartung unterscheidet hier die Enteignung von der Konfis-kation. Erstere „als ein hoheitlicher Akt, durch welchen eine Eigentumsposition endgültig gegen Gewährung einer Entschädigung entzogen wird.", wo hingegen die Konfiskation „keine oder eine gemessen am Wert des Gegenstandes wesent-lich zu geringe, ja unangemessene Entschädigung vorsieht."[134] Bei der in Frank-reich hauptsächlich agierenden NS-Rauborganisation des „Einsatzstabes Reichs-leiter Rosenberg"[135] verneint Hartung eine mögliche Anerkennung der Enteig-nungs- bzw. hauptsächlich durchgeführten Konfiskationsmaßnahmen, da es sich bei der Organisation um keinen Hoheitsträger handelte, dessen Staatsqualität

---

125 vgl. Petropoulos S. 168
126 vgl. Hartung S. 41; eine ähnliche Anordnung gab es in den Niederlanden am 9. August 1941
127 vgl. Rudolph S. 50 f
128 ebd. S. 169 f
129 vgl. von Schorlemer S. 265, 275, Rudolph S. 170 und Hartung S. 21
130 vgl. von Schorlemer S. 272 f
131 vgl. Hartung S. 264
132 vgl. Hartung S. 264
133 ebd. S. 371
134 ebd. S. 372
135 Mit Befehl Hitlers vom 30. Juni 1940 sollten alle Kunstwerke, die Juden gehören, in Sicherheit gebracht, also systematisch gestohlen, werden. Dies stellt die Gründung des ERR in Frankreich dar; vgl. dazu ARD-Dokumentation „Entartet, Enteignet, Entdeckt - Die Spur der Bilder"

anerkannt war[136]. Beim „Einsatzstab Reichsleiter Rosenberg" handelte es sich nicht einmal um eine staatliche Institution des deutschen Reiches, sondern um eine Organisation der NSDAP. So resümiert Hartung: „Eindeutig liegt stets keine Enteignung im Rechtssinne vor, wenn eine – auch staatlich koordinierte oder gebilligte – Plünderung zu beklagen ist, da dieses Verhalten als strafwürfig [Fehler im Original] anzusehen ist und nicht Fragen nach der Statuszuordnung des internationalen Enteignungsrechts aufwirft"[137] und: „Infolgedessen sind Fragen der Anerkennung ihrer Konfiskationen gar nicht zu diskutieren, da die Agitation der NS-Rauborganisation dann nicht als Konfiskation im Sinne des Völkerrechts, sondern schlicht als strafrechtlich relevanter Raub zu werten ist."[138] Rudolph kommt dagegen zu dem Schluss, dass die Haager Landkriegsordnung ebenso auf zivile Dienststellen des besetzenden Staates Anwendung findet[139]. Demzufolge hätte das Plünderungsverbot von Privateigentum u.a. auch für die Deutsche Botschaft, die Devisenschutzkommandos und den „Einsatzstab Reichsleiter Rosenberg" Anwendung gefunden.

Bis zum 14. Juli 1944 hatte der „Einsatzstab Reichsleiter Rosenberg" mit Unterstützung von Hermann Göring unter Verletzung der Haager Landkriegsordnung über 21 903 Kunstgegenstände aus dem besetzten Westeuropa abtransportiert[140]. Hartung nennt 21 788 Objekte, die aus dem besetzten Frankreich verschleppt bzw. anderen Behörden, wie etwa dem Devisenschutzkommando oder der Deutschen Botschaft, übergeben wurden[141].

Im Nürnberger Kriegsverbrecherprozess wurde das Handeln des Leiters Rosenberg und anderer Beteiligten unter anderem als Kriegsverbrechen bestraft[142]. Der „Einsatzstab Reichsleiter Rosenberg" gilt als die größte Kunstbeuteorganisation der Nationalsozialisten[143]. Laut Aussage Rosenbergs nach dem Krieg habe man sich ausschließlich auf jüdische Sammlungen konzentriert[144]. Unter anderem tauschte man für Hermann Göring zumeist impressionistische Werke aus jüdischen Privatsammlungen in Frankreich, Belgien und den Niederlanden in die von Göring geschätzten Alten Meister, da Göring über eigene Mitarbeiter im „Einsatzstab Reichsleiter Rosenberg" verfügte[145]. Hauptsächlich wurden die Werke in Frankreich im Pariser Musée „Jeu de Paume" gelagert bzw. umge-

---

136 vgl. Hartung S. 372, 377
137 ebd. S. 372
138 ebd.
139 vgl. Rudolph S. 170 ff
140 vgl. von Schorlemer S. 274 f
141 vgl. Hartung S. 44 f
142 vgl. Müller-Katzenburg 48, Hartung S. 34 und Hipp S. 55
143 vgl. Anton I S. 301
144 ebd. S. 302
145 vgl. Koldehoff S. 123

schlagen[146]. Hartung verweist darauf, dass die gerade in den besetzten Gebieten Westeuropas als Kunstschutz deklarierten „Sicherstellungen" ein Bestandteil des nationalsozialistischen Plünderungsapparates gewesen sind. Vorgeschobene Rechtfertigungen, etwa Vorkehrungen zur Sicherung des feindlichen Eigentums (Artikel 27 HLKO), werden verneint[147]. So kommt Hartung zu dem Schluss, dass alle Wegnahmen und Entzüge von Kulturgütern in den besetzten Gebieten gegen die Haager Landkriegsordnung verstießen[148]. Auch die Rechtsgeschäfte jüdischer Sammler im besetzten Frankreich verstießen regelmäßig aufgrund der Einwirkung von Zwang gegen die Haager Landkriegsordnung[149]. Werke, welche die deutschen Besatzer nach der Registrierung aussonderten, wurden auf dem Pariser Kunstmarkt angeboten. Dieser blühte durch eine allgemein einsetzende Flucht in Sachwerte auf[150].

In den besetzten Ostgebieten konnten die beteiligten Stellen viel eigenmächtiger entscheiden. Im Gegensatz zum Westen, wo „herrenloses" jüdisches Privateigentum[151] im Vordergrund stand, bemühte oder fingierte man im Osten keine vorgeschobenen vertraglichen Vereinbarungen in Form von Zwangsankäufe oder Beschlagnahmen, sondern raubte bzw. zerstörte die Gegenstände aus Privatbesitz, aber auch staatliches Eigentum[152]. Auch Anton verneint Bemühungen um einen formal-legalen Anschein der Beschlagnahmungen oder einseitigen Tauschgeschäfte auf dem besetzten Gebiet der ehemaligen Sowjetunion im Gegensatz zu den Westgebieten[153]. Hierbei war die Wehrmacht aktiv beteiligt. Ein Kunstschutz war, wie im Westen, hier nicht eingebunden[154]. Im Westen blieben die öffentlichen Sammlungen grundsätzlich unangetastet, während im Osten ohne Unterscheidung geplündert wurde[155].

Größter Unterschied zwischen den besetzten West- und Ostgebieten scheint darin gelegen zu haben, dass man sich bei Letzterem nicht einmal mehr die Mühe machte, den Anschein der Legalität des Raubes nach außen zu wahren. Dies liegt offensichtlich schon in der Definition des Krieges gegen die Sowjetunion, einem „Eroberungs- und Vernichtungsfeldzug zur Zerstörung der slawischen Kultur"[156], begründet.

---

146   ebd. S. 124 f
147   vgl. Hartung S. 214
148   ebd. S. 258
149   vgl. Rudolph S. 189
150   vgl. Kunze S. 4
151   Dies wurde u.a. damit begründet, dass mit den Juden, im Gegensatz zu den besetzten Weststaaten, kein Friedensvertrag geschlossen wurde; vgl. Anton I S. 319
152   vgl. Hartung S. 35 ff, 264
153   vgl. Anton I S. 337
154   ebd.
155   ebd. S. 319 f
156   vgl. Hartung S. 35

3 Restitutionsbemühungen in Deutschland – Gesetzeslage nach 1945

3.1 Unterscheidung Beute- und Raubkunst / Definitionen der Begrifflichkeiten

Zur weiteren Bearbeitung erscheint eine Differenzierung und Definition der verschiedenen Begrifflichkeiten zum Thema angebracht. Zunächst sollen die Beute- und Raubkunst sachlich voneinander abgegrenzt werden.

Kunze umfasst mit dem Begriff Beutekunst, neben den in Frankreich eingezogenen Kunstwerken, auch die Werke, „die den Nationalsozialisten ab 1938 im Zuge der Judenpogrome, der Reichskristallnacht und der Anwendung der Nürnberger Rassegesetze in die Hände fielen."[157] Von der Beutekunst grenzt Kunze die „Entartete Kunst" ab, da sie gerade keine Beute aus den besetzten Gebieten darstellen würde[158].

Hartung beschreibt die Beutekunst als kriegsbedingt verlagertes Kulturgut[159], demnach „jeder in einem unmittelbar zu kriegerischen Ereignissen stehende Kunstraub"[160]. Der Begriff wird aber zeitlich eingegrenzt, auf in Kriegszeiten verschleppte Kulturgüter, insbesondere in Zusammenhang mit dem Zweiten Weltkrieg. Eine Beschränkung nur auf sowjetische Beutekunst lehnt Hartung dagegen ab[161].

Die Koordinierungsstelle Lost Art verwendet für den Begriff Beutekunst „kriegsbedingt verbrachte und verlagerte Kulturgüter"[162].

Raubkunst beschreibt Hartung als verfolgungsbedingt entzogenes Kulturgut[163]. Der Entzug richtet sich dabei konkret gegen ein „Mitglied einer verfolgten ethnischen Gruppe"[164]. Es handelt sich hierbei um Kulturgüter von natürlichen Personen, als Angehörige einer von den Nationalsozialisten zwischen 1933 und 1945 aus rassischen, religiösen und politischen Gründen verfolgten Personen-

---

157 vgl. Kunze S. 4
158 ebd. S. 108
159 vgl. Hartung S. 9
160 ebd. S. 59
161 ebd.
162 http://www.lostart.de/Webs/DE/Provenienz/Beutekunst.html zuletzt aufgerufen am 15.08.2014
163 vgl. Hartung S. 9
164 ebd. S. 60

gruppe, insbesondere - aber nicht ausschließlich - den europäischen Juden. Eine territoriale Zuordnung, ist im Gegensatz zur Beutekunst, aufgrund einer nationenübergreifenden jüdischen Kultur nicht möglich. Aufgrund der Tragweite des unter nationalsozialistischer Herrschaft begangenen Kunstraubes, wird der Begriff Raubkunst für die NS-verfolgungsbedingt entzogenen Kulturgüter verwendet[165].

Laut Koordinierungsstelle Lost Art beschreibt NS-Raubkunst demnach auch die „NS-verfolgungsbedingt entzogene Kulturgüter"[166].

Dagegen unterscheidet Anton die Begriffe Beutekunst und Raubkunst juristisch nach der lokalen Entziehung: Wurden die Objekte außerhalb des Deutschen Reiches entzogen, handelt es sich nach Anton um Beutekunst. Folgerichtig ordnet er die „Nazi looted art" (übersetzt: NS-Raubkunst) der Beutekunst, als „[k]ulturelle Beutenahme durch das nationalsozialistische Deutschland in den angeschlossenen, annektierten und besetzten Territorien zur Zeit des Zweiten Weltkrieges"[167] zu. Raubkunst beinhaltet dagegen die Entziehung der Kulturgüter aus dem Besitz und Eigentum verfolgter deutscher Staatsbürger (vor allem, aber nicht ausschließlich, der jüdischen deutschen Staatsbürger) im Deutschen Reich durch die Nationalsozialisten vor und während des Zweiten Weltkrieges[168]. Dabei unterscheidet Anton die Raubkunst in zwei Phasen: Erste Phase (kulturelles Fluchtgut) und Zweite Phase (systematische Zwangsverstaatlichung ab 1938). Demzufolge fallen die Entziehungen der so bezeichneten „Entarteten Kunst" und Entziehungen bei ausländischen Staatsbürgern nicht unter Antons Definition des Begriffes Raubkunst[169].

Der Autor schließt sich der Definition von Hartung und Lost Art an, demnach handelt es sich bei der hier betrachteten NS-Raubkunst um durch die Nationalsozialisten verfolgungsbedingt entzogene Kulturgüter zwischen 1933 und 1945 im Deutschen Reich (inkl. Österreich ab 1938) und in den von den Deutschen besetzten Gebieten. Zusätzlich sollte aber die Konkretisierung von Tatzkow in die Definition miteinfließen, denn Tatzkow grenzt den Begriff noch genauer ein, indem sie Raubkunst als „jene Kunst- und Kulturobjekte, die NS-verfolgungsbedingt - also aus rassischen, politischen, weltanschaulichen und anderen Gründen - zwischen 1933 und 1945 zwangsweise abhandenkamen und in der Folge nicht zurückerstattet wurden."[170]

---

165   vgl. ebd. S. 60 f
166   http://www.lostart.de/Webs/DE/Provenienz/Raubkunst.html zuletzt aufgerufen am 15.08.2014
167   vgl. Anton I S. 281
168   vgl. Anton I S. 403 f
169   vgl. Kapitel 2.1
170   vgl. Tatzkow in Schoeps und Ludewig S. 18

Zudem erscheint es notwendig den Begriff „Sicherstellung" zu erläutern, da er im nationalsozialistischen Sprachgebrauch bzw. in der Gesetzgebung vielfach euphemistisch angewendet wurde. „Sicherstellungen" beinhalten in diesem Zusammenhang die durch Deutschland begangenen Plünderungen und Beutenahmen in Form von Enteignung, Nationalisierung oder Konfiskation[171]. Anton stellt die Rechtswidrigkeit und damit Nichtigkeit der kulturellen „Sicherstellungen" fest, insbesondere der drei Gruppen: Entziehungen im Privatrecht, „Wegnahme durch Staatsakt" oder durch Organisationen der NSDAP[172]. Rechtlich verankert wurde das Rechtswidrigkeitsverdikt der kulturellen „Sicherstellungen" im US-Militärregierungsgesetz Nr. 59 und den anderen Rückerstattungsgesetzen[173].

Des Weiteren sollte der Begriff Kulturgut eingegrenzt werden. Dass eine Eingrenzung der Begrifflichkeit nicht leichtfällt, stellen Hartung und von Schorlemer fest[174]. Hartung versucht es mit der Umschreibung: als „Werke der Kunst" gegenständlicher Art, welche „einen körperlichen Ausdruck der Schaffenskraft des Menschen in seiner Gesamtheit in jeglicher Form gefunden haben, ohne einer Funktion eindeutig zuortbar zu sein oder sich darin zu erschöpfen."[175] Hipp weist darauf hin, dass selbst beim 1955 verabschiedeten Gesetz zum Schutz deutschen Kulturgutes gegen Abwanderung keine Definition des Begriffes Kulturgut erfolgte[176]. Hartung definiert Kunstgegenstände anhand der Rechtsprechung zur Zeit der Rückerstattung als Teil der Wohnungseinrichtung, insbesondere des Hausrates und wendet diese Definition analog auch für Kulturgüter an[177]. Dagegen spricht sich Müller-Katzenberg aus, die „Kulturgut" nur als einen Oberbegriff für Gegenstände versteht, welcher u.a. Kunstwerke beinhaltet[178]. Anton verweist auf die Ursache der Problematik, nämlich der speziellen Unikatfunktion der Kulturgüter[179].

Die Alliierten entschieden zumindest für die besetzten Gebiete, dass alle Kulturgüter aufgrund der umfassend nationalsozialistischen Plünderungen rückerstattungspflichtig sind, solange nicht der handelsmäßige Erwerb durch den Erwerber, der geschäftliche Beziehungen zum Gegenstand schon vor der deutschen Besatzung haben sollte, nachgewiesen wurde[180].

---

171   vgl. Anton I S. 509
172   es erfolgte eine Quittierung der „Sicherstellungen"; vgl. Hipp S. 55
173   vgl. Anton I S. 652 ff
174   vgl. Hartung S. 62
175   Hartung S. 63
176   vgl. Hipp S. 64 f
177   vgl. Hartung S. 165
178   vgl. Müller-Katzenberg S. 131 f
179   vgl. Anton II S. 43
180   vgl. Hartung S. 152

Es bleibt aber abschließend festzustellen, dass das Sachenrecht im Bürgerlichen Gesetzbuch keine Differenzierung zwischen Sachen und Kulturgütern vornimmt[181].

Der Restitutionsbegriff umfasst grundsätzlich eine Wiedergutmachung völkerrechtlichen Unrechts[182]. Im Kontext des Völkerrechts wird damit „die Wiedergutmachung völkerrechtswidriger Wegnahmen von Gegenständen durch die Besatzungsmacht in einem kriegerisch besetzten Gebiet"[183] verstanden. Neben Ansprüchen zwischen Staaten gelten die Ansprüche auch im innerstaatlichen Rechtsgefüge entsprechend, z.b. nach Konfiskationen jüdischen Vermögens im Inland[184]. Rudolph unterscheidet zwischen der äußeren und inneren Restitution. Die äußere Restitution widmet sich dem Ausgleich von Unrecht, welches einem fremden Staat oder seinen Angehörigen zugefügt wurde. Es handelt sich hier um völkerrechtliche Ansprüche zwischen zwei Staaten. Die innere Restitution hat das Ziel, das im Deutschen Reich begangene Unrecht auszugleichen[185].

Im Kontext der Arbeit wird unter Restitution die Rückerstattung des während der nationalsozialistischen Herrschaft verfolgungsbedingt entzogenen Kunstbesitzes verstanden.

Nach Hartung beziehen sich Restitutionen dagegen auf die Rückgabe von rechtswidrig entzogenem Feindeigentum. Wichtig ist dabei, dass nur solche Kulturgüter zum Zwecke der Restitution beschlagnahmt werden konnten, die von den Nationalsozialisten völkerrechtswidrig aus den besetzten Gebieten geraubt wurden. Dies schloss demnach die Forderungen Frankreichs aus, rechtmäßig in Deutschland befindliche Kulturgüter zu Reparationszwecken zu verwenden[186]. Auch die sowjetischen Plünderungen in der eigenen Besatzungszone, etwa durch sogenannte Trophäenbrigaden, können daher nicht als Restitution gelten[187].

3.2 Restitution nach 1945

Nach den Definitionen der Begrifflichkeiten und Einschränkungen der Thematik im vorhergehenden Kapitel, bleibt die Konzentration für die Untersuchung der Restitution von NS-Raubkunst auf die westlichen Besatzungszonen bzw. in der

---

181   ebd. S. 262 und 319; Der Erwerb von Kulturgütern erfolgt nach deutschen Recht nach den allgemeinen Regeln der §§ 433 ff und 929 ff BGB.
182   vgl. Hartung S. 67
183   Hartung S. 66
184   ebd.
185   vgl. Rudolph S. 57
186   gemeint ist der Begriff „restitution in kind"
187   vgl. Hartung S. 158

späteren Bundesrepublik beschränkt. Die Restitutionsproblematik in der sowjetischen Besatzungszone bzw. in der späteren DDR kann nur kurz am Ende des Kapitels angesprochen werden.

Hartung stellt fest, dass die Plünderungen[188] der Nationalsozialisten nach dem Völkerrecht ungesetzlich waren[189], u.a. verstießen sie, wie oben erläutert, gegen Art. 46 Abs. 2 und Art. 56 Abs. 2 der Haager Landkriegsordnung[190]. Das Ausmaß[191] der von den Nationalsozialisten begangenen Unrechtstaten stellte die Alliierten dennoch in Fragen der Restitution vor ungeahnte Aufgaben. Eine Beachtung der bis dahin gültigen Regelungen zum Kulturgüterschutz fand im Zweiten Weltkrieg kaum Anwendung[192]. Die Arbeit der sogenannten Monuments Men, deren Wirken sich Hollywood erst kürzlich gewidmet hat, schildert Farmer anhand von Beispielen. Gerade den formal freiwilligen Veräußerungen war mit den zur damaligen Zeit zur Verfügung stehenden zivilrechtlichen Regelungen im In- und Ausland kaum zu begegnen[193]. Es bedurfte deshalb dringend neuer gesetzlicher Bestimmungen für den Umgang mit NS-Raubkunst. Ausgangspunkt für die alliierte Restitution nach dem Zweiten Weltkrieg bildete die Londoner Erklärung vom 5. Januar 1943, die selber noch keine Restitutionspflicht regelt[194]. In der Londoner Erklärung wurden auch Enteignungshandlungen unter mittelbaren Zwang, z.B. durch nach außen wirkende korrekte Rechtsgeschäfte nach Drohung etc., als indirekte Kulturgutentziehungen definiert und für völkerrechtswidrig erklärt[195] und man behielt sich das Recht vor, diese für nichtig zu erklären. Damit wurde der Begriff Zwang neu ausgelegt[196]. Die Alliierten behielten sich in der Erklärung auch ausdrücklich das Recht vor, den gutgläubigen Erwerb von Eigentum für nichtig zu erklären[197]. Von der Verabschiedung der Londoner Erklärung bis zum Kriegsende wurde das Thema Restitution nur nachgeordnet behandelt. Aufgrund des andauernden Krieges war dies keine priorisierte Problemstellung der Alliierten. Auch das Potsdamer Abkommen zur Nachkriegsordnung vom 2. August 1945 verwies nur auf die Londoner Erklärung[198]. Es erfolgte keine generelle Unwirksamkeitserklärung der NS-verfolgungsbedingten Vermö-

---

188 vgl. Haager Landkriegsordnung Artikel 47
189 vgl. Hartung S. 118
190 vgl. Rudolph S. 182
191 vgl. dazu Müller-Katzenberg S. 47
192 vgl. Hipp S. 112
193 vgl. Anton I S. 489, 497 f
194 vgl. Rudolph S. 58 ff
195 vgl. Anton I S. 393; die zivilrechtliche Nichtigkeit bei Eigentumsentziehungen mit mittelbarer Gewalt- oder Zwangseinwirkung (indirekte Kulturgutentziehungen) wurde in die alliierten Rückerstattungsgesetze aufgenommen
196 vgl. Anton I S. 392
197 vgl. Rudolph S. 240
198 vgl. Hartung S. 149 und Farmer Vorwort (VII)

gensentziehungen, wie den sogenannten Sicherstellungen bzw. den verschiedenen Eigentumsübertragungen (u.a. durch Rechtsgeschäfte), in Deutschland, wie z.b. in Frankreich[199], nach dem Krieg[200]. Auf deutschem Territorium wurde dieser Problematik mit militärischen Erlassen zur äußeren Restitution, zonalen Rechtsvorschriften mit besonders rechtsprägender Bedeutung zur inneren und äußeren Restitution und durch bundesdeutsche Gesetzgebung begegnet[201].

Beeinflusst durch den Beginn des „Kalten Krieges" und den Uneinigkeiten der vier Besatzungsmächte untereinander, konzentrierte sich die Restitution auf die jeweiligen Besatzungszonen[202]. Der Versuch eines Rückerstattungsgesetztes für alle vier Besatzungszonen musste demnach scheitern[203]. Einzig die Anordnung BK/O (49) 180[204] vom 26. Juli 1949 der alliierten Kommandantur Berlin kam unter der Verwaltung der vier Siegermächte zustande[205].

Das Militärgesetz Nummer 52 über die Sperrung und Beaufsichtigung[206] von Vermögen, welches noch vor Ende des Krieges für die westlichen Besatzungszonen erlassen wurde, war die Grundlage für die Rückgabe an die legitimen Eigentümer[207]. Das Gesetz sollte ursprünglich die Grundlage für Reparationsleistungen an die deutschen Kriegsgegner aus deutschem Eigentum[208] bilden, was wiederum gegen die Haager Landkriegsordnung verstoßen hätte![209]

Die westlichen Besatzungszonen und Berlin erhielten eigene Rückerstattungsgesetze, wobei sich die Rückerstattungsgesetze der westlichen Besatzungszonen am Rückerstattungsgesetz Nummer 59 vom 10. November 1947 in der amerikanischen Zone orientierten bzw. nicht grundsätzlich davon abwichen[210]. So verneinten das amerikanische und britische Rückerstattungsgesetz den gutgläubigen Erwerb[211]. Die Anordnung BK/O (49) 180 vom 26. Juli 1949 der alliierten Kommandantur Berlin sah sogar Enteignungen der aktuellen Besitzer vor

---

199 vgl. Anton I S. 580 f
200 vgl. ebd. I S. 503, 621 f
201 vgl. ebd. S. 622 ff
202 vgl. Hartung S. 150, 153 f
203 vgl. Rudolph S. 70
204 betreffend der Rückerstattung feststellbarer Vermögensgegenstände an Opfer der nationalsozialistischen Unterdrückungsmaßnahmen (REAO)
205 vgl. Hartung S. 154
206 bzw. Kontrolle
207 vgl. Koldehoff S. 154 f und Rudolph S. 61
208 „restitution in kind"
209 vgl. Farmer Vorwort VII; siehe auch Beschlüsse zur Pariser Reparationskonferenz vom Dezember 1945 (vgl. Hartung S. 149 f)
210 vgl. Hartung S. 153 f und Goschler/Lillteicher S. 108 f; es existierten neben dem Gesetz Nr. 59 der amerikanischen Militärregierung das Gesetz Nr. 59 der britischen Militärregierung, die Verordnung Nr. 120 der französischen Zone und die Anordnung BK/O (49) 180 der Alliierten Kommandantur Berlin für die westlichen Besatzungszonen
211 ebd. S. 155

und räumte den NS-Verfolgten weitreichende Rechte ein[212]. Es bestand der
Grundsatz der Naturalrestitution und das Territorialitätsprinzip[213]. Anspruchsbe-
rechtigt waren die ursprünglichen Inhaber oder deren Rechtsnachfolger der Vermögensgegenstände[214].

Maßstab der ungerechtfertigten Entziehung war, dass der zu restituierende
Gegenstand einer Handlung zugeordnet werden konnte, welche als Verfolgungsmaßnahme oder als Teil hiervon anzusehen ist. Insbesondere waren dies
Verwaltungsakte oder Akte der NSDAP, welche ausschließlich oder vorwiegend
der Benachteiligung von Verfolgten dienten. Dabei gaben die Anweisungen für
die Durchführung der Restitutionen umfassende Richtlinien vor[215]. Erfasst wurden insbesondere Rechtsgeschäfte, aber auch Schenkungen, die unter dem Ein-
druck von Drohung und Zwang oder entsprechender Lage abgeschlossen worden
waren[216]. Bei einer Unmöglichkeit der Rückerstattung bestand der Anspruch auf
Schadensersatz. Dies galt nicht für die französische Besatzungszone[217]. Es bestand eine restriktive temporale Präklusion für die jeweiligen Rückerstattungsgesetze: Nur maximal ein Jahr nach Inkrafttreten konnten Ansprüche geltend gemacht werden[218].

In den alliierten Rückerstattungsgesetzen sollte neben der Wegnahme von
Vermögensgegenständen auch die Weggabe, insbesondere der Eigentumsverlust
durch Verkauf, bei der Rückerstattung feststellbarer Vermögensgegenstände
Berücksichtigung finden[219]. In besagtem US-Militärregierungsgesetz Nummer
59 vom 10. November 1947 wurde nämlich z.B. ein Rechtsgeschäft, welches
gegen die guten Sitten verstieß (Art. 2 Abs. 1 a), einer Entziehung im Sinne der
Rückerstattungsgesetze gleichgestellt[220]. Artikel drei und vier des Gesetzes bejahen eine Entziehung im Sinne des Gesetzes grundsätzlich bei jüdischen Veräuße-
rern in der Zeit vom 30. Januar 1933 bis zum 08. Mai 1945. Die Vermutung
eines nur nach äußerlichem Anschein ordnungsgemäßen Rechtsgeschäftes, die
Weggabe, in Form des Eigentumsverlustes durch Verkauf, konnte der aktuelle
Besitzer gemäß Art. 3 Abs. 2 und Art. 4 Abs. 1 des Gesetzes widerlegen, wobei

---

212   vgl. Koldehoff S. 172
213   vgl. Hartung S. 154 und Rudolph S. 145
214   Art. 1 Abs. 2 S. 1 USREG
215   vgl. Rudolph S. 63
216   zu den einzelnen Entziehungstatbeständen vgl. Rudolph S. 77 ff
217   vgl. Hartung S. 154 f und Anton I S. 633, 656 f
218   vgl. Anton I S. 633 f; Art. 56 Abs. 1 USREG sah eine Anmeldefrist als Ausschlussfrist vor, die
      am 31. Dezember 1948 ablief (vgl. Rudolph S. 86) und Vortrag Bergmann „Der Fall Gurlitt –
      Die Verjährung der Vindikation" http://www.fernuni-hagen.de/videostreaming/rewi/vortraege/
      20140710.shtml zuletzt aufgerufen am 24.04.2015
219   vgl. Anton I S. 448
220   ebd.

die Beweislast in vollem Umfang bei ihm lag[221]. Er musste nachweisen, dass er einen dem Verkehrswert entsprechenden, angemessenen und vereinbarten Kaufpreis bezahlt hatte, über den der verfolgte Veräußerer frei verfügen konnte. Bei Rechtsgeschäften nach dem 15. September 1935, dem Erlass der Nürnberger Gesetze, musste der aktuelle Besitzer zudem nachweisen, dass er die Vermögensinteressen des Verkäufers in besonderer Weise und mit wesentlichem Erfolg wahrgenommen hat oder das Rechtsgeschäft als solches und mit seinen wesentlichen Bestimmungen auch ohne die Herrschaft des Nationalsozialismus zustande gekommen wäre[222]. Die verschärfte Vermutung galt bei der Kollektivverfolgung in der Zeit vom 15. September 1935 bis zum 08. Mai 1945[223].

Für Anton sind diese Grundsätze so essentiell, dass er feststellt: „Diese bis heute fortgeltenden Regelungen des *US-Militärregierungsgesetzes Nr. 59 über die Rückerstattung feststellbarer Vermögengegenstände* vom 10. November 1947 gehören zur deutschen Rechtsordnung und, da sie einen Ausgleich der Interessen des jüdischen Veräußerers und der des Erwerbers bezwecken, zu den Rechtsnormen, die ethischer Natur sind und deren Wertungen den Inhalt der guten Sitten ausmachen."[224] Einheitlich werden die nur kurzen Fristen in den westalliierten Rückerstattungsgesetzen bemängelt.

Rudolph und Anton unterscheiden zwischen der inneren Restitution, der Wiedergutmachung des Unrechtes innerhalb des Deutschen Reiches (insbesondere an der jüdischen Bevölkerung), und der äußeren Restitution, der Wiedergutmachung des Unrechtes gegenüber einem fremden Staat bzw. dessen Angehörigen. Letztere sollte einen völkerrechtlichen Anspruch eines geschädigten Staates gegen den schädigenden Staat befriedigen, was u.a. in der Londoner Erklärung angekündigt wurde und seine Grundlage fand[225]. Durch das Gesetz Nr. 52 über die Sperre und Kontrolle von Vermögen der Militärregierungen wurden die Vermögengegenstände alliierter Kontrolle unterstellt[226]. Die beschlagnahmten Vermögengegenstände wurden in die sogenannten Central Collecting Points[227] verbracht, um insbesondere zu prüfen, bei welchen es sich um solche handelt, die in den besetzten Gebieten beschlagnahmt oder unter Zwang erworben worden und infolgedessen an ihre Herkunftsländer zu restituieren sind[228] (äußere Restitution). Später wurde eine Anmeldepflicht für entsprechende Ver-

---

221 ebd., S. 655 f und Rudolph S. 159
222 vgl. Anton I S. 448, S. 662 f und Rudolph S. 159
223 vgl. Rudolph S. 104 (Art. 4 REAO)
224 Anton I S. 448, Schreibweise und Hervorhebungen im Original
225 vgl. Rudolph S. 57 und Anton I. S. 492 f
226 vgl. Rudolph S. 61 f
227 ausführliche Schilderungen der Arbeit des US-Kunstschutzes bei Walter I. Farmer
228 Rudolph S. 62

mögen erlassen[229]. Es wird vermutet, dass insbesondere Museen und Private dieser Anmeldepflicht in Deutschland nicht nachkamen[230], sodass Hartung feststellt, dass in den deutschen Museen praktisch keine Restitution stattfand[231]. Koldehoff erklärt die äußere Restitution zum vordringlichsten Ziel der Alliierten[232]. Bei der inneren Restitution sah man sich einer bedeutend größeren Anzahl an Privatpersonen als Anspruchsgegner gegenüber. Die oftmalige Unkenntnis über den Belegenheitsort der zu restituierenden Gegenstände sowie mangelnde Rückgabebereitschaft erschwerten die innere Restitution ungemein[233]. Für diese war das bereits erwähnte US-Gesetz Nr. 59 über die Rückerstattung feststellbarer Vermögensgegenstände (USREG) maßgeblich[234]. Art. 1 Abs. 2 USREG ordnete den Ausschluss des vom Bürgerlichen Gesetzbuch zugelassenen gutgläubigen Erwerbs an[235]. Und so resümiert Rudolph folgerichtig: „Die Bedeutung der alliierten Rückerstattungsgesetze, speziell des USREG, lag demnach nicht in erster Linie darin, überhaupt erst eine Rechtsgrundlage für die Restitution entzogener Vermögensgegenstände zu schaffen, sondern darin, die Lösung des Konflikts zwischen den Interessen des Verfolgten und denen des Erwerbers verbindlich vorzugeben, und zwar abweichend vom Bürgerlichen Gesetzbuch: Das USREG bewertet die willensmäßige Unfreiheit des Verfolgten stärker als das seinerzeitige Verhalten des Erwerbers, insbesondere seinen guten Glauben, und kommt so zu einer streng durchgeführten Rückerstattungspflicht."[236]

Anton stellt klar, dass die rechtspolitische Motivation der Rückerstattungsgesetze bei der äußeren Restitution zwar in der völkerrechtlichen Wiedergutmachungspflicht liegt, diese aber ihren Ursprung nicht im Völkerrecht, sondern in einzelstaatlichen Rechtsquellen der innerstaatlichen Machthaber innerhalb Deutschlands finden[237].

Die Anmeldefristen von Ansprüchen betrugen bei den alliierten Rückerstattungsgesetzen nur zwölf Monate ab Inkrafttreten des jeweiligen Gesetzes. Eine subjektive Komponente, etwa durch unverschuldete erst spätere Kenntnisnahme des Antragstellers, war nicht vorgesehen. Dies hatte zur Folge, dass viele sicherlich berechtigte Ansprüche nicht fristgemäß angemeldet werden konnten[238].

---

229 vgl. Rudolph S. 62 f
230 ebd. S. 65
231 vgl. Hartung S. 154
232 vgl. Rudolph S. 37
233 vgl. Rudolph S. 69
234 ebd. S. 71 f
235 ebd. S. 72, S. 248 f
236 ebd. S. 73
237 vgl. Anton I S. 495
238 vgl. ebd. S. 634

Bergmann bezeichnet die alliierten Rückerstattungsgesetze als „scharfes juristisches Schwert"[239], die einen modifizierten Vindikationsanspruch enthielten: eine sehr günstige Beweislast zugunsten des Alteigentümers und der Ausschluss des gutgläubigen Erwerbs. Damit sollten die Ansprüche im größtmöglichen Umfang und beschleunigt befriedigt werden[240]. Im Gegenzug galt eine „brutale Ausschlussfrist"[241] bei den alliierten Rückerstattungsgesetzen. Mit Ablauf des 31. Dezember 1948 waren demnach alle Ansprüche verloren[242]. Danach, so die Begründung, sollte Rechtssicherheit zur wirtschaftlichen Wiederbelebung vorherrschen, um die Unsicherheiten angesichts der Vermögensverschiebungen unter nationalsozialistischer Herrschaft, einzudämmen[243].

Die Grundsätze der Restitution wurden durch den Vertrag vom 26. Mai 1952 zur Regelung aus Krieg und Besatzung entstandener Fragen (in der gemäß Liste IV zu dem am 23. Oktober 1954 in Paris unterzeichneten Protokoll über die Beendigung des Besatzungsregimes in der Bundesrepublik Deutschland geänderten Fassung)[244] völkerrechtlich verankert, indem die Bundesrepublik Deutschland die Verantwortung für Restitutionen übernahm und sich verpflichtete, diejenigen Personen, die aus rassischen, politischen oder religiösen Gründen verfolgt worden waren, wirksam zu entschädigen. Es wurden zahlreiche Bundesgesetze erlassen, um dieser Pflicht nachzukommen. Im Rahmen dieser Arbeit werden das Bundesergänzungsgesetz zur Entschädigung für Opfer der nationalsozialistischen Verfolgung (BEG), das Bundesentschädigungsgesetz (ebenfalls BEG) und das Bundesrückerstattungsgesetz (BRüG) berücksichtigt.

Das BEG von 1953 stellt das erste bundeseinheitliche Entschädigungsgesetz dar[245] und bezog sich in Artikel 1 auf das Gesetz zur Wiedergutmachung nationalsozialistischen Unrechts (Entschädigungsgesetz) und erstreckte dessen Geltungsbereich auf den des Grundgesetzes. Paragraf acht beschränkte die Anspruchsberechtigung auf einen aktuellen Wohnsitz bzw. früheren Aufenthalt im Geltungsbereich des Gesetzes. Mit § 91 Abs. 2 endete die Antragsfrist am 01. Oktober 1954 für Inländer und am 01. Oktober 1955 für Ausländer[246]. Es wurden

---

239 Bergmann im Vortrag „Der Fall Gurlitt – Die Verjährung der Vindikation" http://www.fernuni-hagen.de/videostreaming/rewi/vortraege/20140710.shtml zuletzt aufgerufen am 24.04.2015
240 ebd.
241 ebd.
242 z.B. Art. 57 BZREG
243 vgl. Bergmann im Vortrag „Der Fall Gurlitt – Die Verjährung der Vindikation" http://www.fernuni-hagen.de/videostreaming/rewi/vortraege/20140710.shtml zuletzt aufgerufen am 24.04.2015
244 sogenannter Überleitungsvertrag
245 Zuvor hatte der Süddeutsche Länderrat am 26.04.1949 das für die US-Zone vorgesehene Gesetz zur Wiedergutmachung nationalsozialistischen Unrechts (Gesetz Nr. 951 bzw. Entschädigungsgesetz) gebilligt.
246 vgl. Bundesgesetzbl. I S. 1405 von 1953 (amtliche Zitierweise)

z.B. Sonderabgaben, wie die sogenannte Reichsfluchtsteuer, entschädigt (§ 69). Das Gesetz bestimmte aber auch Obergrenzen der Entschädigung und einen Härteausgleich im dritten Abschnitt. Im zweiten Abschnitt wurden die Schadenstatbestände definiert. Neben Schaden an Leben, Körper, Gesundheit und Freiheit kannte das Gesetz Schaden an Eigentum und Vermögen, Schaden im beruflichen und wirtschaftlichen Fortkommen und besondere Verfolgtengruppen[247]. Mit dem Bundesgesetz zur Entschädigung für Opfer der nationalsozialistischen Verfolgung, kurz: Bundesentschädigungsgesetz (BEG), vom 29. Juni 1956 wurde das Bundesergänzungsgesetz zur Entschädigung für Opfer der nationalsozialistischen Verfolgung von 1953 neugefasst und umbenannt (Artikel 1)[248]. Gemäß § 189 musste bis zum 01. April 1958 bei der zuständigen Entschädigungsbehörde ein Antrag gestellt werden. Das Kriterium der Wohnsitzvoraussetzung blieb entscheidend. Antragsberechtigt waren NS-Verfolgte, die bis zum 31. Dezember 1952 (bisher 01. Januar 1947) ihren Wohnsitz im Geltungsbereich des Gesetzes hatten, oder die vor ihrem Tod oder ihrer Auswanderung dort gelebt hatten (§ 4). Mit dem Zweiten Gesetz zur Änderung des Bundesentschädigungsgesetzes (BEGSchlußgesetz) von 1965 konnten nach dem 31. Dezember 1969 Ansprüche nach dem Bundesentschädigungsgesetz sowie nach dem BEGSchlußgesetz grundsätzlich nicht mehr angemeldet werden (Art. 8 Abs. 1). Dieses Datum markiert damit die grundsätzliche Anmeldefrist der bundesdeutschen Rückerstattung. Ansprüche nach dem Bundesrückerstattungsgesetz waren dagegen nur bis zum 31. März 1959 anzumelden[249]. Lillteicher stellt fest, dass die Rechtsbereiche Rückerstattung und Entschädigung nur unscharf voneinander abgegrenzt wurden, sodass vermögensrechtliche Schäden teilweise über das BEG abgewickelt wurden, was primär körperliche und seelische Leiden kompensieren sollte[250].

Das Bundesgesetz zur Regelung der rückerstattungsrechtlichen Geldverbindlichkeiten des Deutschen Reichs und gleichgestellter Rechtsträger (kurz Bundesrückerstattungsgesetz - BRüG) wurde 1957 erlassen und gewährte Anspruch auf Schadenersatz statt Naturalrestitution[251]. Auf Grundlage des Gesetzes konnten Ansprüche gegen die Bundesrepublik auch endlich ausgezahlt werden, da sie vorher reine Feststellungsbeschlüsse blieben[252]. Gemäß § 27 Abs. 2 musste die Anmeldung bis zum 01. April 1958, bei unverschuldeter Fristversäumung des Berechtigten auf Antrag bis zum 01. April 1959, erfolgen. Das Gesetz regelte

---

247 vgl. Bundesgesetzbl. I S. 1387 von 1953
248 vgl. Bundesgesetzbl. I S. 559 von 1956
249 vgl. Anton I S. 624 und Hartung S. 162, 164
250 vgl. Lillteicher in Goschler und Lillteicher S. 129
251 vgl. Finkenauer S. 480; Müller-Chen spricht dagegen von einem Anspruch auf Rückgabe verfolgungsbedingt entzogener Sachen bzw. subsidiär einen Anspruch auf Schadenersatz. (Müller-Chen S. 126)
252 vgl. Lillteicher in Goschler und Lillteicher S. 149

Rückerstattungsansprüche u.a. für Vermögenswerte aus dem Vermögen des Deutschen Reiches, dessen Sondervermögen und von NS-Organisationen (§ 1 Abs. 1 und 2). Demnach regelte das Gesetz die nach den (alliierten) Rückerstattungsgesetzen gegen das Deutsche Reich nicht mehr durchsetzbaren Rückerstattungsansprüche. Diese waren durch die Bundesrepublik Deutschland zu erfüllen[253]. Antragsteller aus Ländern, mit denen die Bundesrepublik Deutschland keine diplomatischen Beziehungen unterhielt, blieben ausgeschlossen. Goschler bezeichnet dies als „diplomatische Klausel"[254].

Rudolph resümiert, dass nur durch die Schaffung besonderer gesetzlicher Vorschriften die beabsichtigte Wiedergutmachung gewährleistet werden konnte, da die Bestimmungen des Bürgerlichen Gesetzbuchs nicht ausreichend gewesen seien, sodass hierfür neues Recht geschaffen werden musste[255]. Es bedurfte Sondergesetze zur Restitution[256]. Anton hebt hervor, dass gerade der Problematik des kulturellen Fluchtgutes mit einer rein zivilrechtlichen Beurteilung kaum zu begegnen war. Mit dem Rückerstattungsrecht erfolgte eine Neubeurteilung dieser formal freiwilligen Veräußerungen[257].

Die Rückerstattungsproblematik, insbesondere bei jüdischem Vermögen, stieß aus unterschiedlichen Gründen auf große Vorbehalte in der Öffentlichkeit, welche auch dem damaligen Zeitgeist, Forderungen nach einem Schlussstrich Mitte der 1960er Jahre, der eigenen Verstrickung, antisemitische Einstellungen bzw. eine fehlende Lobby der Antragsteller geschuldet schienen und wäre durch den Druck der Alliierten, insbesondere der Amerikaner, nicht zustande gekommen[258]. Gerade die innere Restitution gestaltete sich schwieriger als die äußere[259]. Offenbar hatten die Alliierten das Ausmaß, mit dem sich die deutsche Bevölkerung an der Beraubung - gerade Privatpersonen hatten in erheblichen Maße profitiert[260] - beteiligt hatte, unterschätzt[261]. So befürworteten deutsche Wirtschaftskreise den Schutz des gutgläubigen Erwerbs, konnten sich damit aber bei den alliierten Rückerstattungsgesetzen nicht durchsetzen[262]. Goschler mutmaßt, dass eine Rückerstattung unter deutscher Ägide wesentlich geringer ausgefallen wäre[263]. Er betont das besondere Engagement des amerikanischen Hohen Kom-

---

253 vgl. Anton I S. 700
254 vgl. Goschler in Goschler und Lillteicher S. 116
255 vgl. Rudolph S. 72, und Anton I S. 497
256 vgl. Anton I S. 489
257 vgl. Anton I S. 498
258 vgl. Rudolph S. 96 f, Bajohr in Goschler, und Lillteicher S. 55, Goschler in Goschler und Lillteicher S. 119 f, 124 f, Anton I S. 635
259 vgl. Anton I S. 498 und Rudolph S. 69
260 vgl. Lillteicher in Goschler und Lillteicher S. 127
261 vgl. Bajohr in Goschler und Lillteicher S. 56
262 vgl. Goschler in Goschler und Lillteicher S. 106
263 ebd. und Anton I S. 635 f

missars John J. McCloy gerade in Bezug der Restitution jüdischen Vermögens[264]. Zudem war die Restitution ein Novum in der Geschichte gewesen, welche nach Lillteicher unter heutigen Maßstäben moderat ausfiel. Die Rückerstattungsgesetze konzentrierten sich nur auf die zivilrechtlichen Belange, eine strafrechtliche Ahndung war von vornherein ausgeschlossen.[265] Spannuth hält ebenfalls fest, dass es in der Bundesrepublik (wie auch in der DDR) keine konkrete strafrechtliche Verfolgung der Arisierungen gab[266]. Eine zivilrechtliche Verantwortung der Bundesrepublik gegenüber den Opfern wurde von den damaligen Verantwortlichen im Bundesfinanzministerium sogar bestritten[267].

Da es kaum unbelastete Richter gab[268], schufen die Alliierten alliierte Oberste Gerichtshöfe in ihren Zonen, welche letztinstanzlich entschieden[269]. Oftmals sahen sich die Betroffenen nämlich mit denselben Richtern bzw. Bearbeitern konfrontiert, die schon bei ihrer Enteignung bzw. den Zwangsverkäufen mitgewirkt hatten. Ein besonders Beispiel für die personelle Kontinuität ist in Dr. Walter Kühne zu sehen, der von 1938 bis 1945 Oberfinanzpräsident in Köln war und von 1952 bis 1957 ausgerechnet als Präsident das Bundesausgleichsamt leitete[270].

Die Bilanz der Restitution der Westalliierten und später der Bundesrepublik bis in die 1960er Jahre fällt naturgemäß unterschiedlich aus: Zunächst wurden bestimmte nationalsozialistische Gesetze, insbesondere die dem Entzug jüdischen Vermögens dienenden, für unwirksam erklärt[271]. Mit den Rückerstattungsgesetzen wurden Sondergesetze geschaffen, da man das Bürgerliche Gesetzbuch nicht als geeignet betrachtete, die massiven Vermögensverschiebungen umfassend juristisch zu würdigen. Nach dem Krieg wurden aber auch wirtschaftlich kalkulierbare Verhältnisse und Rechtsfrieden benötigt[272]. Dies war die Begründung für die oftmals kritisierten sehr kurzen Anmeldefristen bei den Rückerstattungsgesetzen, welche restriktiv ausgelegt wurden[273]. Für den Wiederaufbau werde eben vor allem Rechtssicherheit gebraucht, so die Begründung. Zudem wurden zunächst Höchstgrenzen der Entschädigung festgelegt, welche später aber teilweise aufgehoben wurden[274]. Die entzogenen Gegenstände mussten vom

---

264 vgl. Goschler in Goschler und Lillteicher S. 113
265 vgl. Lillteicher in Goschler und Lillteicher S. 127 f
266 Spannuth in Goschler und Lillteicher S. 262
267 vgl. Goschler in Goschler und Lillteicher S. 118 f
268 vgl. Lillteicher in Goschler und Lillteicher S. 132
269 ebd. S. 131
270 vgl. Anton I S. 489; Dokumentation mit dem Titel Menschliches Versagen - „Arisierung" von jüdischem Eigentum und Vermögen von Michael Verhoeven
271 vgl. Hartung S. 140
272 vgl. Koldehoff S. 268 und Hartung S. 164, 168
273 vgl. Hartung S. 164
274 vgl. Goschler in Goschler und Lillteicher S. 120 und Schnabel und Tatzkow S. 107

Anspruchsberechtigten so spezifiziert werden, dass sie genau individualisierbar waren[275]. Neben aller berechtigten Kritik an der „Ausgrenzung der Juden aus der deutschen »Bürgergesellschaft« [..., die] damit auch über 1945 hinaus ein weitgehend stabiles Ergebnis der nationalsozialistischen Verfolgungspolitik [blieb]"[276], sieht Bajohr auch positive Aspekte der Restitution, wenn er schreibt: „[...] deren zentraler Wert wohl darin bestand, daß sie überhaupt stattfand und wenigstens für einen Teilausgleich von Vermögensverlusten sorgte."[277] Bajohr erkennt richtig, dass oftmals nur eine Entschädigung vorgenommen werden konnte, da die zu restituierenden Gegenstände zum großen Teil nicht auffindbar waren oder sich nicht im Geltungsbereich der Rückerstattungsgesetze befanden. Lillteicher beklagt dagegen die Abwehrhaltung der staatlichen deutschen Verwaltung gegenüber der Restitution aus verschiedenen Motiven und die „defizitäre gesetzliche Grundlage für manche Fehlentscheidung"[278]. Er kommt zu dem Schluss, dass „[d]ie vom Gesetz geforderte schnelle und möglichst umfangreiche Rückerstattung [...] nicht erreicht [wurde]"[279]. Zudem muss auf die erfolgreiche Abwehrhaltung der Rückerstattungspflichtigen verwiesen werden, die sich sogar in Interessengemeinschaften organisierten[280]. Auch Anton sieht die Bilanz des deutschen Rückerstattungsrechts eher ambivalent, wie die zahlreichen Restitutionsansprüche und Verfahren seit 1990 zeigen würden[281]. Hartung würdigt die Menge der restituierten Kulturgüter, kritisiert aber die „häufig nicht mehr nachvollziehbare[n] Entscheidungen" der deutschen Stellen bis in die 1960er Jahre hinein, die lieber einen Schlussstrich ziehen wollten[282].

Heute ist das Bundesamt für zentrale Dienste und offene Vermögensfragen (BADV) zuständig für Vermögensverluste, die auf dem Gebiet der neuen Bundesländer und Berlin (Ost) eingetreten sind und von der Deutschen Demokratischen Republik (DDR) nicht entschädigt wurden[283]. Es verwaltet heute u.a. den noch nicht restituierten Bestand des „Sonderauftrages Linz" sowie den Restbe-

---

275   vgl. Hartung S. 164
276   vgl. Goschler in Goschler und Lillteicher S. 125
277   vgl. Bajohr in Goschler und Lillteicher S. 58, Schreibweise im Original
278   vgl. Lillteicher in Goschler und Lillteicher S. 158
279   ebd. S. 155
280   vgl. dazu Ausführungen von Goschler und Lillteicher in Goschler und Lillteicher S. 99 ff
281   vgl. Anton I S. 634 f
282   vgl. Hartung S. 187 f
283   http://www.badv.bund.de/DE/OffeneVermoegensfragen/start.html zuletzt aufgerufen am 26.03.2015 und http://www.badv.bund.de/DE/OffeneVermoegensfragen/Provenienzrecherche/ Aufsaetze/Wiedergutmachung/inhalt.html zuletzt aufgerufen 30.04.2015; vgl. auch Schriftenreihe des Bundesamtes zur Regelung offener Vermögensfragen mit Praxisfragen und Lösungsskizzierungen

stand der früheren Central Collecting Points, wobei diesbezüglich eine heutige Rückgabe noch möglich ist[284].

Die Rechtslage blieb entsprechend der Geschichte geteilt[285]: Eine Restitution bzw. anderweitige Wiedergutmachung hat in der Sowjetischen Besatzungszone[286] und später in der DDR nicht stattgefunden. Sie setzte im Osten Deutschlands in Wirklichkeit erst ab 1990 mit dem Vermögensgesetz und der Wiedervereinigung ein[287]. Kessler führt als Gründe dafür wirtschaftliche Probleme und ideologische Vorbehalte auf[288]. Ausnahmen bildeten das umfangreiche Thüringer Wiedergutmachungsgesetz vom 15. September 1945, welches aber einen Wohnsitz im Inland einforderte und letztendlich scheiterte[289] und die Situation im Osten Berlins, wo zunächst ein alliiertes Rückerstattungsgesetz für die gesamte Stadt galt[290]. Die Restitution musste im Osten schon aus ideologischer Sicht scheitern, denn sie hätte eine Rückgabe von Vermögenswerten an Private bedeutet. Die neu propagierte Gesellschaftsordnung forcierte aber gerade eine Umverteilung in staatliche Hand. Und so gibt es sogar Beispiele von zweiten Enteignungen, nach denen durch die Nationalsozialisten, unter den neuen Machtverhältnissen[291]. Gemäß den Befehlen der Sowjetischen Militäradministration wurde „arisiertes" gewerbliches Vermögen zunächst beschlagnahmt und später in Volkseigentum überführt[292].

Das am 23. September 1990 noch von der Volkskammer der DDR beschlossene Gesetz zur Regelung offener Vermögensfragen (Vermögensgesetz) gilt seit dem 03. Oktober 1990 als partiell fortbestehendes Bundesrecht im gesamten Bundesgebiet und behandelt die ungeklärten vermögensrechtlichen Probleme im Hoheitsbereich der ehemaligen DDR[293]. Anders als das USREG erkennt das Vermögensgesetz die heutige Eigentumslage an[294]. Die Restitution hat aber ebenfalls grundsätzlich Vorrang vor der Entschädigung[295]. Gemäß § 1 Abs. 8 a) VermG bleiben Enteignungen von Vermögenswerten auf besatzungsrechtlicher oder besatzungshoheitlicher Grundlage, also durch die sowjetischen Besatzungs-

---

284 http://www.dhm.de/datenbank/linzdb/ zuletzt aufgerufen am 26.03.2015 und Anton I. S. 735, 766 f
285 vgl. Hartung S. 161
286 vgl. Rudolph S. 101 und Anton I S. 623
287 vgl. Rürup in Goschler und Lillteicher S. 191
288 vgl. Kessler in Goschler und Lillteicher S. 208
289 vgl. Spannuth in Goschler und Lillteicher S. 250 f; Hartung nennt den 14. September 1945 als Datum des Gesetzes, vgl. Hartung S. 154
290 vgl. Spannuth in Goschler und Lillteicher S. 252
291 ebd. S. 243 und Hartung S. 170
292 vgl. Meyer-Seitz in Goschler und Lillteicher S. 265
293 vgl. Anton I S. 706
294 vgl. Rudolph S. 104 und Anton I S. 720
295 § 3 Abs. 1 S. 1 VermG und Anton I S. 719

truppen, vom Gesetz ausgenommen. Dagegen bildet § 1 Abs. 6 VermG die Grundlage für vermögensrechtliche Ansprüche von Bürgern und Vereinigungen, die in der Zeit vom 30. Januar 1933 bis zum 08. Mai 1945 aus rassischen, politischen, religiösen oder weltanschaulichen Gründen verfolgt wurden. Mit dem Zweiten Vermögensrechtsänderungsgesetz von 1992 bezieht sich das Gesetz direkt auf die alliierten Rückerstattungsgesetze: Zugunsten des Berechtigten wird ein verfolgungsbedingter Vermögensverlust nach Maßgabe des II. Abschnitts der Anordnung BK/O (49) 180 der Alliierten Kommandantur Berlin vom 26. Juli 1949 (VOBl. für Groß-Berlin I S. 221) vermutet[296]. Das Vermögensgesetz bildete die Grundlage für Rückerstattungen im Beitrittsgebiet[297]. Rückübertragungsansprüche mussten bis zum 30. Juni 1993 angemeldet worden sein[298]. Es bleibt zu beachten, dass im Gegensatz zu den Rückerstattungsgesetzen mit ihrer statuierten Derogation der Regelungen zum Schutz des gutgläubigen Erwerbs des Bürgerlichen Gesetzbuches ein gutgläubiger Erwerb unrechtmäßig i.S.d. § 1 Abs. 6 entzogener (kultureller) Wertgegenstände unter Geltung des Vermögensgesetzes ab dem 08. Mai 1945 möglich war[299], nicht aber zwischen dem 30. Januar 1933 und dem 08. Mai 1945[300]. Rudolph resümiert: „Von seiner Grundkonzeption her zielt dieses [Anm.: VermG] vielmehr auf die Rückgängigmachung des unter dem SED-Staat begangenen vermögensrechtlichen Unrechts […ab, denn…] Entstehungsgeschichte und Wortlaut des § 1 Abs. 6 VermG, nämlich die Anordnung der ‚entsprechenden' Anwendung, zeigen, dass die Rückübertragung des während der nationalsozialistischen Herrschaft entzogenen jüdischen Vermögens nur ‚Neben-Zweck' des Vermögensgesetzes ist."[301]

Im konkreten Fall Gurlitt dürfte der Anwendungsbereich des Vermögensgesetzes, abgesehen von den bereits verstrichenen Anmeldefristen, nicht gegeben sein, da eine lokale Belegenheit des Kulturgutes auf dem Territorium der DDR vom 08. Mai 1945 bis zum 03. Oktober 1990 ausschlaggebend war[302]. Der bisherige Kenntnisstand im Fall Gurlitt deutet auf keine Belegenheit von Kulturgütern auf dem Gebiet der ehemaligen DDR in diesem Zeitrahmen[303]. Deshalb wird das Vermögensgesetz bei der weiteren Betrachtung keine Rolle spielen können.

---

296   vgl. Anton I S. 708 und http://www.gesetze-im-internet.de/bundesrecht/vermg/gesamt.pdf zuletzt aufgerufen am 26.03.2015
297   vgl. Heuberger in Schoeps und Ludewig S. 191
298   vgl. Hartung S. 171, Anton I S. 721 und Finkenauer S. 480
299   vgl. Anton I S. 708, 719 und Rudolph S. 262, 264
300   vgl. Rudolph S. 265
301   vgl. Rudolph S. 102
302   vgl. Anton I S. 710 f
303   vgl. auch Bergmann im Vortrag „Der Fall Gurlitt – Die Verjährung der Vindikation" http://www.fernuni-hagen.de/videostreaming/rewi/vortraege/20140710.shtml zuletzt aufgerufen am 24.04.2015

3.3 Washingtoner Erklärung

Für aktuelle Restitutionsverfahren bildet die Washingtoner Erklärung eine wichtige Grundlage. Hartung beschreibt sie als „bisher wichtigsten Meilenstein in der internationalen Diskussion um die Raubkunst, den NS-verfolgungsbedingt entzogenen Kulturgütern"[304]. Nachfolgend sollen ihr Anwendungsbereich, aber auch ihre Grenzen beleuchtet werden. Im Dezember 1998 vereinbarten 44 Nationen, darunter auch Deutschland, bei der Washingtoner Konferenz über Vermögenswerte aus der Zeit des Holocaust[305] elf Grundsätze zum Umgang in Bezug auf Kunstwerke, die von den Nationalsozialisten beschlagnahmt wurden[306]. Zu den wichtigsten Grundsätzen gehören die Identifizierung der von den Nationalsozialisten beschlagnahmten Kunstwerke, die in der Folge nicht zurückerstattet wurden (NS-Raubkunst), deren Vorkriegseigentümer oder Erben ausfindig zu machen sowie eine gerechte und faire Lösung zu finden[307]. Koldehoff kritisiert gerade die Erklärung als bloße moralische Selbstverpflichtung, ein „Soft Law", dem die rechtliche Verbindlichkeit fehle[308]. Hartung bezeichnet dieses „Soft Law" als „Erklärungen der rechtlichen Unverbindlichkeit mit einer starken moralischen Wirkung"[309]. Sie bleiben demnach ohne rechtliche Bindung[310]. Die Grundsätze der Washingtoner Konferenz bilden also keine verbindliche Rechtsquelle des Völkerrechts[311]. Müller-Chen folgert: „Die Washingtoner Erklärung ist zwar keine juristisch-bindende Anspruchsgrundlage, ihre Anwendung beruht auf freiwilliger Übernahme im konkreten Einzelfall. Nichtsdestotrotz besitzt sie als Absichtserklärung eine beachtliche moralische Autorität"[312]. Seine weitere Ausführung dazu bleibt dagegen nicht nachvollziehbar: „Deutschland ist eines der wenigen Länder, das die Washingtoner Erklärung in Landesrecht umgesetzt hat. Dies geschah durch die «Gemeinsame (Berliner) Erklärung vom 14. Dezember 1999 der Bundesregierung, der Länder und der kommunalen Spitzenverbände zur Auffindung und zur Rückgabe NS-verfolgungsbedingt entzogenen Kul-

---

304 vgl. Hartung S. 104
305 auch Washington Conference on Holocaust-Era Assets (Washingtoner Konferenz über Vermögenswerte aus der Zeit des Holocaust), vgl. Müller-Chen S. 125
306 vgl. Koldehoff S. 113
307 ebd. S. 113 f und Hartung in Schoeps und Ludewig S. 175 f
308 vgl. Koldehoff in Koldehoff/Oehmke/Stecker S. 51
309 Hartung S. 102, 456
310 vgl. Anton I S. 736 und Schoeps in Schoeps und Ludewig S. 12
311 vgl. Hartung S. 108
312 Müller-Chen S. 125

turguts, insbesondere aus jüdischem Besitz».[313], da es sich doch hier „nur" um eine Selbstverpflichtung zur Provenienzrecherche und das Versprechen der Beteiligten, auf die Restitution hinzuwirken, handelt[314]. So stellt Hartung fest: „Eine entsprechende Verwaltungsvorschrift im Sinne der freiwilligen Selbstverpflichtung existiert bis heute nicht, so dass zurzeit nicht von verbindlichen gesetzlichen Grundlagen, sondern allenfalls von gutgemeinten Empfehlungen im Hinblick auf das Restitutionsprocedere gesprochen werden kann."[315] Der Vorteil liege in den objektiven Prüfkriterien, aber die Entscheidung ist nicht justitiabel, denn „[s]ie kann daher auch nicht mit Rechtsmitteln angefochten respektive durchgesetzt werden. Auch ist eine um Prüfung eines Anspruchs gebetene Behörde gesetzlich nicht verpflichtet, dieser Bitte der moralischen Obligation entsprechend zeitnah nachzukommen."[316] Hartung kritisiert zudem den „bewusst unverbindlich gehaltenen Charakter[...]"[317] der Handreichung. Sie begründet demnach keine Anspruchsgrundlage für den Anspruchsteller. Im Gegenteil: Sie „zwingt den Rechtsanwender zu einem nach rechtsstaatlichen Grundsätzen inakzeptablen Schlingerkurs, wenn es ihm die Anwendung der Rückerstattungsregelung unter Außerachtlosung seiner materiellrechtlichen Präklusionsregelungen aufgibt, die insbesondere in den Anmeldefristen deutlichen Niederschlag fanden"[318] und bietet damit keine geeignete Lösung zur Aufarbeitung der Raubkunstproblematik mangels Justiziabilität. Im Dezember 1999 verabschiedeten die Träger der öffentlichen deutschen Museen auf Grundlage der Washingtoner Erklärung die „Erklärung der Bundesregierung, der Länder und der kommunalen Spitzenverbände zur Auffindung und zur Rückgabe NS-verfolgungsbedingt entzogenen Kulturgutes, insbesondere aus jüdischem Besitz"[319] („Gemeinsame Erklärung"[320]). Die Erklärung war weitgehender, da sie nicht nur die aktive Wegnahme, wie die Washingtoner Erklärung, umfasste, sondern die „NS-verfolgungsbedingt entzogenen" Kulturgüter einschloss, also solche, von denen sich die Eigentümer ohne die Umstände der nationalsozialistischen Herrschaft nicht getrennt hätten. Dagegen hält Müller-Chen fest, dass aus den Kommentaren zur Washingtoner Konferenz und deren Zweck hervorgeht, dass hier von einem breiteren Raubkunstbegriff ausgegangen wird. Sowohl die Wegnahme als auch die Weggabe unter Zwang seien bei der „Washingtoner Erklärung" er-

---

313   ebd. S. 126 (Schreibweise im Original)
314   vgl. Anton I S. 739
315   Hartung S. 175
316   ebd.; Hartung spricht hier vom „good will" der öffentlichen Institution (Fußnote 696)
317   ebd. S. 176
318   ebd. S. 177 f
319   vgl. Koldehoff S. 114
320   vgl.   http://www.bundesregierung.de/Webs/Breg/DE/Bundesregierung/BeauftragtefuerKultur undMedien/kultur/rueckfuehrung_ns_raubkunst/_node.html zuletzt aufgerufen am 26.03.2015

fasst[321]. Bei einer Ablehnung einer Restitution nach der „Gemeinsamen Erklärung" müssen die Museen nachweisen, dass ein angemessener und frei verfügbarer Kaufpreis an den Eigentümer gezahlt wurde. Es handelt sich aber auch hier um eine freiwillige moralische Selbstverpflichtung.[322] Zur Umsetzung der „Gemeinsamen Erklärung" hat der Beauftragte für Kultur und Medien 2001 eine „Handreichung" herausgegeben und 2007 überarbeitet, die den Museen Anleitung zur Provenienzforschung und „Orientierungshilfe" bei aktuellen Restitutionsverfahren bieten soll[323]. Handreichung und Erklärung beziehen sich explizit auf die Leitlinien der alliierten Rückerstattungsgesetze und die Restitutionspraxis in der Bundesrepublik[324]. Zur Mediation und Schlichtung strittiger Restitutionsfragen hat der Bund in Übereinstimmung mit den Ländern und Kommunalen Spitzenverbänden entsprechend der Washingtoner Prinzipien eine „Beratende Kommission im Zusammenhang mit der Rückgabe NS-verfolgungsbedingt entzogener Kulturgüter, insbesondere aus jüdischem Besitz" unter der Leitung der ehemaligen Präsidentin des Bundesverfassungsgerichts, Jutta Limbach, eingesetzt (sogenannte Limbach-Kommission). Sie kann Empfehlungen für faire und gerechte Lösungen aussprechen, wenn dies von der betroffenen öffentlichen Einrichtung und den ehemaligen Eigentümern der Kulturgüter bzw. deren Erben gemeinsam gewünscht wird[325]. Rechtliche Verpflichtungen begründen die Empfehlungen allerdings nicht, da die „Gemeinsame Erklärung", aufbauend auf den Washingtoner Prinzipien, nämlich keine rechtlich durchsetzbaren Vindikationsansprüche von Kulturgütern vorsieht[326]. Die äußerst geringe Zahl der Fälle, in denen die Kommission angerufen werde, spreche für die bisher geringe Akzeptanz der Umsetzung der Washingtoner Prinzipien.[327] Koldehoff kritisiert, dass die Privatsammler und private Museen nicht an diese Prinzipien gebunden wurden und die Limbach-Kommission nur auf Antrag beider Parteien, des öffentlichen Museums und des Restitutionsberechtigten, tätig werden kann[328]. Es besteht also keine Verbindlichkeit für private Institutionen und Sammler. Sie werden nur aufgefordert, sich den Empfehlungen anzuschließen[329].

---

321   vgl. Müller-Chen S. 125
322   vgl. Koldehoff S. 114
323   vgl.   http://www.bundesregierung.de/Webs/Breg/DE/Bundesregierung/BeauftragtefuerKultur
      undMedien/kultur/rueckfuehrung_ns_raubkunst/_node.html zuletzt aufgerufen am 26.03.2015;
      vgl. auch Koldehoff S. 114 und Anton I S. 734 sowie Mahlo in Schoeps und Ludewig S. 202
324   vgl. Anton I S. 734
325   vgl.   http://www.bundesregierung.de/Webs/Breg/DE/Bundesregierung/BeauftragtefuerKultur
      undMedien/kultur/rueckfuehrung_ns_raubkunst/_node.html zuletzt aufgerufen am 26.03.2015
      und Koldehoff S. 114
326   vgl. Anton I S. 735, 741
327   vgl. Koldehoff S. 115 und Hartung in Schoeps und Ludewig S. 162
328   vgl. Koldehoff S. 115 und Hartung S. 177
329   vgl. Anton I S. 740

Zusätzlich wurde das Deutsche Zentrum Kulturgutverluste[330] als nationaler sowie internationaler Ansprechpartner zur Umsetzung der Prinzipien der Washingtoner Konferenz und der „Gemeinsamen Erklärung" eingerichtet[331]. Es betreibt auch die Lost Art-Internet-Datenbank, welche der „Erfassung von Kulturgütern, die infolge der nationalsozialistischen Gewaltherrschaft und der Ereignisse des Zweiten Weltkriegs verbracht, verlagert oder – insbesondere jüdischen Eigentümern – verfolgungsbedingt entzogen wurden", dient[332].

---

330   hervorgegangen aus der Koordinierungsstelle Magdeburg und der früheren Arbeitsstelle für Provenienzforschung beim Institut für Museumsforschung der Stiftung Preußischer Kulturbesitz nahm sie am 01.01.2015 ihre Arbeit auf
331   vgl.   http://www.bundesregierung.de/Webs/Breg/DE/Bundesregierung/BeauftragtefuerKultur undMedien/kultur/rueckfuehrung_ns_raubkunst/_node.html zuletzt aufgerufen am 10.04.2015
332   vgl. http://www.lostart.de/Webs/DE/Start/Index.html zuletzt aufgerufen am 10.04.2015

4 Der sogenannte Schwabinger Kunstfund

4.1 Der sogenannte Schwabinger Kunstfund als Zufallsfund

Am 04. November 2013 berichtete das Nachrichtenmagazin „Focus" über staatsanwaltschaftliche Ermittlungen zum sogenannten Schwabinger Kunstfund und machte den Sachverhalt weltweit bekannt.

Medien und Experten haben sich dazu, mit zum Teil spektakulären Übertreibungen[333], bereits umfangreich geäußert. Hannes Hartung, der Cornelius Gurlitt zeitweilig juristisch vertrat[334], kritisiert, neben dem unverhältnismäßigen Vorgehen der Behörden[335], schon die Begrifflichkeit „Kunstfund" als vollkommen falsch, da sich die Werke einerseits wie viele Kunstsammlungen in diskreter privater Hand befunden haben, aber andererseits vielen Kunstexperten sehr wohl bekannt gewesen seien[336]. Dieses Kapitel will daher eine Einordnung des Umfanges des sogenannten Schwabinger Kunstfundes und die Umstände seiner Entdeckung vornehmen.

Nach einer Routinekontrolle auf der Bahnreise von Zürich nach München, bei der bei Herrn Cornelius Gurlitt eine nach den zollrechtlichen Bestimmungen nicht zu beanstandende Summe an Bargeld in Höhe von 9000 € aufgefunden worden war[337], beschlagnahmte die Staatsanwaltschaft Augsburg im Rahmen staatsanwaltschaftlicher Ermittlungen wegen Steuerhinterziehung und auf Grundlage eines richterlichen Beschlusses vom 28. Februar bis 02. März 2012 1280 Positionen der umfangreichen privaten Kunstsammlung des Cornelius Gurlitt in dessen Wohnung in München-Schwabing[338]. Laut dem Kunstmagazin „art" handelte es sich um insgesamt 1406 Werke. Da aber einige Positionen Künstlermappen mit mehreren Werken dabei seien, würde die Beschlagnahme-

---

333 vgl. Hartung in Schoeps und Ludewig S. 152
334 vgl. Schoeps und Ludewig S. 9
335 vgl. Hartung in Schoeps und Ludewig S. 150 ff
336 vgl. Hartung in Schoeps und Ludewig S. 170; So hatte die Forschungsstelle „Entartete Kunst" vor Entdeckung des „Schwabinger Kunstfundes" Einblick in den umfangreichen Schriftwechsel inklusive Geschäftsunterlagen der beteiligten Kunsthändler, u.a. Hildebrand und Wolfgang Gurlitt (vgl. Hoffmann in Hoffmann und Hüneke S. 6).
337 vgl. Hartung in Schoeps und Ludewig S. 152 und http://www.spiegel.de/kultur/gesellschaft/ cornelius-gurlitt-kunstmuseum-bern-nimmt-erbe-der-kunstsammlung-an-a-1004739.html zuletzt aufgerufen am 02.05.2015
338 vgl. Spiegel-Dokumentation „Entartet! Die Nazis und die Kunst"

liste nur 1280 Positionen auflisten[339]. Später wurden noch Werke im Haus des Cornelius Gurlitt in Salzburg und in einem Reisekoffer von ihm aufgefunden[340]. Diese wurden aber nicht beschlagnahmt[341]. Der frühere Anwalt Gurlitts, Hartung, spricht von einer Gesamtsammlung von insgesamt über 1500 Werken[342]. Auf der Lost Art-Internet-Datenbank, die der Erfassung von Kulturgütern, die infolge der nationalsozialistischen Gewaltherrschaft und der Ereignisse des Zweiten Weltkriegs verbracht, verlagert oder - insbesondere jüdischen Eigentümern - verfolgungsbedingt entzogen wurden, dient[343], wurden - Stand Anfang Mai 2015 - 465 Einzelobjekte zum Sachbereich „Schwabinger Kunstfund", 33 Einzelobjekte zum Sachbereich „Funde (Nachlass)" und ein Einzelobjekt der Kategorie „Koffer-Fund" veröffentlicht. Insgesamt konnten bisher erst drei Provenienzberichte auf der Internetseite veröffentlicht werden, bei denen in allen Fällen ein NS-verfolgungsbedingter Verlust mit höchster Wahrscheinlichkeit bejaht wurde[344].

Laut der Leiterin, der vom Bund und vom Freistaat Bayern eingesetzten TASKFORCE aus nationalen und internationalen Expertinnen und Experten für Provenienzrecherche (Selbstbezeichnung: TASKFORCE „Schwabinger Kunstfund")[345], Dr. Ingeborg Berggreen-Merkel, gehören 303 Werke unstrittig der Familie Gurlitt[346]. Die restlichen 977 Werke müssen auf ihre Herkunft überprüft werden. Bei 593 bestünde der Verdacht des NS-verfolgungsbedingten Entzugs (NS-Raubkunst) vorrangig aus jüdischem Besitz. Bei den restlichen 384 soll es

---

339   vgl. Hartung in Schoeps und Ludewig S. 152, Bergmann im Vortrag „Der Fall Gurlitt – Die Verjährung der Vindikation" http://www.fernuni-hagen.de/videostreaming/rewi/ vortraege/ 2014 0710.shtml zuletzt aufgerufen am 24.04.2015, http://www.lostart.de/ Webs/DE/Datenbank/ KunstfundMuenchen.html zuletzt aufgerufen am 24.04.2015 und http://www.art-magazin.de/ szene/67254/der_fall_gurlitt zuletzt aufgerufen am 24.04.2015

340   vgl. http://www.tz.de/muenchen/stadt/cornelius-gurlitt-per71289/gurlitt-bilder-krieg-nimmt-kein-ende-tz-4345064.html zuletzt aufgerufen am 25.04.2015; zudem wurden u.a. Werke vom Ehemann von Gurlitts verstorbener Schwester der Polizei übergeben, sodass Mahlo von insgesamt über 1500 Werken ausgeht (vgl. Mahlo in Schoeps und Ludewig S. 203)

341   vgl. http://www.spiegel.de/kultur/gesellschaft/cornelius-gurlitt-claude-monet-im-koffer-von-gurlitt-entdeckt-a-990143.html zuletzt aufgerufen am 25.04.2015

342   vgl. Hartung in Schoeps und Ludewig S. 152

343   vgl. http://www.lostart.de/Webs/DE/Start/Index.html zuletzt aufgerufen am 28.04.2015

344   ebd. zuletzt aufgerufen am 02.05.2015 und: http://www.lostart.de/Content/041_KunstfundMün chen/_Berichte/Schlussbericht%20Liebermann%20Reiter.pdf?__blob=publicationFile zuletzt aufgerufen am 24.04.2015, http://www.lostart.de/Content/041_KunstfundMuenchen/_Berichte Schlussbericht%20Matisse%20Femme%20Assise.pdf, zuletzt aufgerufen am 24.04.2015 http://www.lostart.de/Content/041_KunstfundMuenchen/_Berichte/Schlussbericht%20Spitzweg %20Klavierspiel.pdf zuletzt aufgerufen am 24.04.2015

345   vgl. http://www.lostart.de/Webs/DE/Datenbank/KunstfundMuenchen.html zuletzt aufgerufen am 24.04.2015

346   vgl. http://www.art-magazin.de/szene/67254/der_fall_gurlitt zuletzt aufgerufen am 24.04.2015

sich um von den Nationalsozialisten als „Entartete Kunst" verfemte Werke handeln. Dabei bestehe die Möglichkeit, dass sich hierunter auch NS-Raubkunst befinde[347].

Am 07. April 2014 wurde in einer gemeinsamen Pressemitteilung eine Vereinbarung zwischen dem Freistaat Bayern, dem Bund und Cornelius Gurlitt verkündet. Gurlitt sicherte darin den Fortgang der Provenienzrecherche bei Werken, für die ein Verdacht auf NS-verfolgungsbedingten Entzug bzw. auch indirekt in Fällen der „Entarteten Kunst" besteht, auf freiwilliger Basis zu. Zudem können Anspruchsteller Eigentum an den Kunstwerken geltend machen, welche dann auf Grundlage der Washingtoner Prinzipien behandelt werden. Im Gegenzug wird die Beschlagnahme beendet und Gurlitt erhält unbelastete und ihm gehörende Werke zurück[348].

Bisher konnte die TASKFORCE erst die konkrete Rückgabe eines Werkes vermelden[349]. Davor, am 06. Mai 2014, verstarb Cornelius Gurlitt[350]. In seinem Testament bestimmte er die Stiftung des Kunstmuseums Bern als Alleinerbin seiner Sammlung, die das Erbe auch annahm[351].

---

347 vgl. ebd. und Bergmann im Vortrag „Der Fall Gurlitt – Die Verjährung der Vindikation" http://www.fernuni-hagen.de/videostreaming/rewi/vortraege/20140710.shtml zuletzt aufgerufen am 24.04.2015; Mahlo geht, bei einer Gesamtzahl von über 1500 Werken, von 330 im unstrittigem Familieneigentum, 480 Werken im Rahmen der „Entarteten Kunst" und etwa 460 Werken mit möglichem NS-Raubkunst-Hintergrund vorrangig aus jüdischem Eigentum aus (vgl. Mahlo in Schoeps und Ludewig S. 203 f); dagegen geht die Deutsche Welle insgesamt nur von bis zu acht Werken aus der Sammlung Gurlitt aus, die im Verdacht stehen, NS-Raubkunst zu sein; vgl. http://www.dw.de/der-fall-gurlitt-und-seine-folgen/a-18009589 zuletzt aufgerufen 30.04.2015; Hartung nennt 382 Werke der „Entarteten Kunst" (vgl. Hartung in Schoeps und Ludewig S. 152)

348 vgl. http://www.lostart.de/Content/02_Aktuelles/2014/14-04-07%20PM%20Vereinbarung%20 zum%20Schwabinger%20Kunstfund.html?nn=66916 zuletzt aufgerufen am 02.05.2015 und http://www.faz.net/aktuell/kunst/der-fall-gurlitt/cornelius-gurlitt-bekommt-seine-sammlung-zurueck-12887576.html zuletzt aufgerufen am 02.05.2015

349 Die vereinbarte Rückgabe von Henri Matisses Gemälde „Sitzende Frau" musste noch vom Nachlassgericht gebilligt werden; vgl. http://www.faz.net/aktuell/feuilleton/kunst/der-fall-gurlitt/restitution-im-fall-gurlitt-mit-matisse-ist-der-anfang-gemacht-13503877.html zuletzt aufgerufen am 02.05.2015; zur Rückgabe kam es schließlich vgl. http://www.dw.de/matisse-aus-gurlitt-sammlung-zur%C3%BCckgegeben/a-18451575 zuletzt aufgerufen 16.05.2015 und „Zwei Reiter am Strand" von Max Liebermann stünde vor der Rückgabe.

350 vgl. http://www.spiegel.de/kultur/gesellschaft/gurlitt-kunstsammler-ist-tot-a-967882.html und http://www.faz.net/aktuell/feuilleton/kunst/der-fall-gurlitt/restitution-im-fall-gurlitt-mit-matisse-ist-der-anfang-gemacht-13503877.html zuletzt aufgerufen am 02.05.2015

351 vgl. http://www.kunstmuseumbern.ch/de/service/medien/medienmitteilungen-2014/07-05-14-kunstsammlung-gurlitt-1139.html und http://www.spiegel.de/kultur/gesellschaft/cornelius-gurlitt-kunstmuseum-bern-nimmt-erbe-der-kunstsammlung-an-a-1004739.html zuletzt aufgerufen am 02.05.2015; Verzögert wird das Verfahren, da Gurlitts Cousine den Erben anzweifelt und ebenfalls einen Erbschein beantragte; vgl. http://www.dw.de/matisse-aus-gurlitt-sammlung-zur%C3%BCckgegeben/a-18451575 zuletzt aufgerufen 16.05.2015

4.2 Wirken des Kunsthändlers Hildebrand Gurlitt und die „Sammlung Gurlitt"

Obwohl das Hauptinteresse der Öffentlichkeit beim sogenannten Schwabinger Kunstfund Cornelius Gurlitt galt, wurden die betreffenden Werke von dessen Vater, Hildebrand Gurlitt, zusammengetragen. Hildebrand Gurlitt lebte von 1895 bis 1956[352]. Sein ambivalentes Wirken steht im Mittelpunkt dieses Kapitels. Er studierte Kunstgeschichte und setzte sich als Direktor des König-Albert-Museums in Zwickau sehr für Werke avantgardistischer zeitgenössischer Maler ein, was ihm Kritik u.a. in konservativen und nationalsozialistischen Kreisen einbrachte, welche 1930 die Entlassung Gurlitts beim König-Albert-Museum betrieben hatten. Zudem wurde er von den Nationalsozialisten, neben seinem Einsatz für die von ihnen verfemten Kunstformen, auch wegen seiner jüdischen Abstammung offen attackiert. Deswegen musste Gurlitt im Sommer 1933 von seinem damaligen Posten als Leiter des Kunstvereins in Hamburg zurücktreten. Danach betrieb er sehr erfolgreich den Kunsthandel „Kunstkabinett Dr. H. Gurlitt" in Hamburg, dessen Geschäftsführerin formal seine Frau aus Angst vor Repressalien wurde[353]. Insoweit zeichnet die Vita des Hildebrand Gurlitt bis hierher ein Opferbild von ihm, welches aufgrund der nationalsozialistischen Rassepolitik und der von ihm geförderten Kunstwerke nicht erst ab 1933 mit beruflichen Einschränkungen zurechtkommen musste. Andererseits hat er als Hamburger Kunsthändler auch Stücke aus Sammlungen übernommen, welche eindeutig Notverkäufe unter Verfolgungsdruck waren[354]. Gurlitt stieg mit seinem Kunsthandel in den folgenden Jahren zu einem der vier größten Kunsthändler des Deutschen Reiches auf, denen die mit der Verwertung der durch das „Gesetz über die Einziehung von Erzeugnissen entarteter Kunst" von 1938 befasste Kommission den Verkauf dieser im Sinne des Reiches zur Devisenbeschaffung für den Krieg übertrug, da sie über die nötigen Kontakte ins Ausland verfügten[355]. Bis 1941[356] wurde ein Großteil der etwa 20 000 Werke „verwertet", wobei sie den vier Kunsthändlern unter Verantwortung von Dr. Rolf Hetsch, dem für

---

352   vgl. http://www.arte.tv/guide/de/051737-000/der-seltsame-herr-gurlitt   zuletzt   aufgerufen 24.03.2014
353   vgl. ebd., Kunze S. 22 und Koldehoff/Oehmke/Stecker S. 24
354   http://www.sueddeutsche.de/kultur/raubkunst-von-schwabing-die-gurlitt-collection-1.1812362 zuletzt aufgerufen am 30.04.2015
355   vgl. Kunze S. 45 f; Die anderen Kunsthändler waren: Karl Buchholz, Ferdinand Möller und Bernhard A. Boehmer; vgl. auch Koldehoff/Oehmke/Stecker S. 17, Koldehoff S. 91, Anton I S. 1003 und Petropoulos S. 102, 108. So kaufte Gurlitt auch das Bild „Sumpflegende" von Paul Klee, welches im Rahmen des Einziehungsgesetzes unrechtmäßig beschlagnahmt wurde, für 500 Schweizer Franken (vgl. Kunze S. 2, Hipp S. 173 und Anton II S. 830).
356   Petropoulos nennt 1942 als Ende des Verkaufs, vgl. Petropoulos S. 106

die Verwertung zuständigen Ministerialreferenten im Propagandaministerium, entweder in Kommission gegeben oder zu einem Festpreis, teilweise gewaltig unter Wert, verkauft wurden[357]. Der als nicht verkaufbar vorher aussortierte Bestand von etwa 5 000 Werken wurde schließlich am 20. März 1939 verbrannt[358]. Koldehoff geht davon aus, dass nicht verkaufte Restbestände bzw. zum Weiterverkauf bestimmte Werke aufgrund fehlender Kontrolle des federführenden Propagandaministeriums bei den vier Kunsthändlern verblieben. So auch bei Hildebrand Gurlitt, der mehr als 3 700 Werke übernahm, davon viele preiswerte Papierarbeiten, v.a. grafische Arbeiten[359]. Gurlitt war auch am Ankauf von „entarteter Kunst" des Basler Kunstmuseums 1939 beteiligt und soll auch eine Rolle bei der „Arisierung" der Galerie von Alfred Flechtheim in Düsseldorf gespielt haben[360]. Trotz Verbots vermittelte er Werke der „entarteten Kunst" auch an deutsche Kunden[361]. Den deutschen Museen kam er entgegen, indem er nicht mehr ausstellbare und nur schwer verkäufliche, da nicht der offiziellen Kunstpolitik entsprechende, Werke gegen genehme Werke eintauschte bzw. Erstere weit unter Wert ankaufte[362]. Als Herrmann Voss im März 1943 die Nachfolge des verstorbenen Hans Posse antrat wurde er nicht nur Direktor der Staatlichen Kunstsammlungen Dresden, sondern auch Leiter des „Sonderauftrages Linz"[363]. Dies bedeutete eine Vertiefung der Geschäftsbeziehungen für Gurlitt: Voss war nämlich mit Hildebrand Gurlitt befreundet und beauftragte diesen mit dem Zusammentragen von Kunstwerken für den „Sonderauftrag Linz" im Deutschen Reich und den besetzen Ländern[364]. Neben Ankäufen in Deutschland, Frankreich, den Niederlanden und Polen wurde sich auch an Beständen bedient, die vorher von jüdischen Privatsammlern in den besetzten Ländern „sichergestellt", also gestohlen worden waren. Dies erfolgte auch in Zusammenarbeit mit dem „Einsatzstab Reichsleiter Rosenberg" (ERR), der die Werke den Interessenten regelmäßig im Pariser Museum „Jeu de Paume" präsentierte[365]. Mazzoni schreibt

---

357   vgl. Koldehoff/Oehmke/Stecker S. 17 f, Kunze S. 45 f, Koldehoff S. 95 f und Hoffmann in Hoffmann und Hüneke S. 21
358   vgl. Kunze S. 48
359   vgl. Koldehoff in Koldehoff/Oehmke/Stecker S. 18 f und Koldehoff S. 29 f
360   vgl. http://www.derbund.ch/kultur/buecher/Ein-gewissenloser-Charmeur------/story/12593243 zuletzt aufgerufen 30.04.2015
361   http://www.sueddeutsche.de/kultur/raubkunst-von-schwabing-die-gurlitt-collection-1.1812362 zuletzt aufgerufen am 30.04.2015
362   vgl. Koldehoff S. 35 f
363   vgl. Koldehoff S. 31
364   vgl. ebd. und Petropoulos S. 235; auch Gurlitts Cousin, Wolfgang Gurlitt, Kunsthistoriker und Kunsthändler, wurde für Voss tätig und ersteigerte Kunstwerke (vgl. Anton I S. 538 ff)
365   vgl. Koldehoff S. 31

Gurlitt die Rolle des „Chefeinkäufer[s] des Reichs in Paris"[366] zu. Werke, die für
den „Sonderauftrag Linz" abgelehnt wurden, bot Gurlitt anderen deutschen Museen an, hatte er doch im Auftrag dieser schon vor 1943 Einkäufe im besetzten
Frankreich getätigt[367]. Laut eigener Aussage nach dem Krieg seien es insgesamt
etwa 200 Werke, u.a. von Picasso, gewesen, die Gurlitt im besetzten Frankreich
erwarb und an Museen weitergab[368]. Nach neueren Erkenntnissen war Gurlitt am
Ankauf von mindestens zwei Dutzend Gemälden für den „Sonderauftrag Linz"
aus französischen Privatsammlungen beteiligt. Er verkaufte aber auch an Privatpersonen, unter ihnen Joseph Goebbels[369]. Rudolph stellt fest, dass Gurlitt zu den
Händlern gehörte, die überwiegend mit Kunstwerken aus dem Besitz jüdischer
Sammler im besetzten Frankreich gehandelt haben[370]. Ronald beschreibt, dass
Gurlitt während der Kriegszeit in Frankreich im großen Stil Kunstgeschäfte getätigt hat, wie aus seiner Geschäftskorrespondenz hervorgehe. Sie bezweifelt aber,
dass er für seine offiziellen Einkäufe im besetzten Frankreich ab 1941 überhaupt
den vereinbarten Kaufpreis an die Verkäufer übergab, denn „Gurlitt war ein
Spezialist darin, Bilder zu kaufen, ohne dafür zu bezahlen."[371] Sie beschreibt
Gurlitt als einen „der grössten Kunstdiebe aller Zeiten, sein Raubzug in Frankreich übersteigt wohl sogar den von Hermann Göring"[372], der nach dem Krieg
die Amerikaner über die Herkunft seiner Bilder wissentlich belog und Verbindungen zu Raubkunst bestritt[373]. Auch habe Gurlitt seine Geschäftsbücher offenbar nachträglich geschönt und in einigen Fällen definitiv falsche Angaben zur
Herkunft gemacht[374].

1942 schloss Gurlitt seine ausgebombte Galerie in Hamburg und kehrte in
seine Geburtsstadt Dresden zurück, wo er wiederum einen Kunsthandel eröffnete. Dabei nahm er auch Teile seiner Privatsammlung mit[375]. Nach der Bombardierung Dresdens im Februar 1945 flüchtete er mit seiner Familie und den Bildern ins bayerische Aschbach, wo er bei einem befreundeten Baron Unterschlupf

---

366 http://www.sueddeutsche.de/kultur/raubkunst-von-schwabing-die-gurlitt-collection-1.1812362
      zuletzt aufgerufen am 30.04.2015
367 vgl. ebd.
368 vgl. ebd., Petropoulos S. 277 und http://www.sueddeutsche.de/kultur/raubkunst-von-
      schwabing-die-gurlitt-collection-1.1812362 zuletzt aufgerufen am 30.04.2015
369 vgl. Koldehoff S. 32
370 vgl. Rudolph S. 223
371 http://www.derbund.ch/kultur/buecher/Ein-gewissenloser-Charmeur------/story/12593243
      zuletzt aufgerufen am 30.04.2015
372 ebd., Schreibweise im Original
373 vgl. ebd. und Koldehoff in Koldehoff/Oehmke/Stecker S. 68 f
374 vgl.   http://www.merkur.de/welt/schwabinger-kunstfund-cornelius-gurlitts-erbe-unter-lupe-zr-
      4530154.html zuletzt aufgerufen am 30.04.201
375 vgl. Koldehoff S. 30

fand[376]. Dort wurde er von amerikanischen Kunstschutzoffizieren unter Hausarrest gestellt, die einen Teil seiner Bilder beschlagnahmten und untersuchten[377]. Von den 135 Bildern und weiteren Arbeiten wurde ein Teil über den Central Collecting Point in Wiesbaden an Frankreich restituiert[378]. Bei einigen Werken, die er als sein Eigentum bezeichnete, log er nachweislich. Er gab gegenüber den Amerikanern an, dass keines seiner Bilder aus jüdischem Besitz bzw. aus dem Ausland stamme, vielmehr handele es sich um Familienbesitz vor 1933, aus dem Besitz des Vaters oder wurde von deutschen Privatleuten gekauft[379]. Seine Rolle beim „Sonderauftrag Linz" konnte er als geringfügig darstellen[380]. Gurlitt, der die Rückgabe „seiner" Sammlung beantragte, bekam diese, bis auf Ausnahmen, zurück. Eine Entnazifizierung überstand er ebenfalls problemlos - als unbelastet[381] - und konnte seine Tätigkeit auf anderem Gebiet der Kunstbranche in Düsseldorf fortsetzen[382]. 1948 ernannte ihn die Stadt Düsseldorf dann zum Direktor des Kunstvereins für die Rheinlande und Westfalen, wo er erfolgreiche Ausstellungen moderner Kunst veranstaltete[383]. Er schaffte eine problemlose gesellschaftliche Wiedereingliederung ins Nachkriegsdeutschland. Am 09. November 1956 starb Hildebrand Gurlitt an den Folgen eines Autounfalls[384].

Sein Handeln wird, mit dem Abstand der Geschichte, sehr ambivalent beurteilt. Koldehoff beschreibt Gurlitt, wie die anderen Kunsthändler im Dritten Reich, als Kollaborateure, Retter und Nutznießer zugleich, da sie viele der „entarteten" Werke vor der Vernichtung retteten, sich aber auch an ihnen bereicherten, indem sie Teile davon nach dem Krieg verkauften[385]. Es sei aber belegt, dass die vier Kunsthändler auch Werke erhielten, welche bei verfolgten Privatsammlern beschlagnahmt oder von ihnen unter Zwang verkauft worden waren[386]. Solche Werke hätten gemäß den alliierten Bestimmungen nach dem Krieg angemeldet und zurückgegeben werden müssen[387].

---

376 vgl. ebd. S. 33 f
377 vgl. ebd. S. 34 und http://www.ndr.de/kultur/kunst/gurlitt103_page-2.html zuletzt aufgerufen 02.05.2015
378 vgl. Koldehoff S. 35
379 ebd. und http://www.sueddeutsche.de/kultur/raubkunst-von-schwabing-die-gurlitt-collection-1.1812362 zuletzt aufgerufen am 30.04.2015
380 vgl. Koldehoff S. 37
381 vgl. dazu ARD-Dokumentation „Entartet, Enteignet, Entdeckt - Die Spur der Bilder"
382 vgl. Koldehoff S. 37 ff und http://www.ndr.de/kultur/kunst/gurlitt103_page-2.html zuletzt aufgerufen am 02.05.2015
383 vgl. http://www.sueddeutsche.de/kultur/raubkunst-von-schwabing-die-gurlitt-collection-1.1812 362 zuletzt aufgerufen 30.04.2015 und Koldehoff S. 38
384 vgl. Koldehoff S. 40
385 vgl. ebd. S. 98 und Koldehoff in Schoeps und Ludewig S. 211, 216
386 vgl. Koldehoff S. 109, 209, 211
387 vgl. ebd. S. 110 f; Art. 1 Nr. 2 des Gesetzes Nr. 52 der Alliierten Militärregierung

Ein Spiegel-Artikel vom November 2013 beschreibt ihn folgendermaßen: „Der Kunsthändler Hildebrand Gurlitt war ein Mann, der zwei Leben führte. Das eine als Kämpfer für die Avantgarde, als Unterstützer unterdrückter Kunst. Das andere als Profiteur des Holocaust."[388]

Anton bezeichnet Gurlitt dagegen einfach als „nationalsozialistische[n] Kunsthändler"[389] und die Welt in einem Artikel als „privilegierter Kunsthändler der Nationalsozialisten"[390]. Die Kunsthistorikern Hoffmann erklärte, dass er eine führende Stellung im NS-Kunsthandel einnahm und trotz Verbotes als Privatperson über Devisen verfügte[391]. Petropoulos sieht es etwas differenzierter, indem er ausführt, dass Händler wie Gurlitt eine essenzielle Rolle in diesem System spielten, Gurlitt aber wohl eher Opportunist war. Bereichert habe aber auch er sich[392]. Als Händler im Rahmen des „Sonderauftrags Linz" habe er unbegrenzte Passierscheine und Zugang zu Devisen gehabt und habe im Hauptquartier der Kunsträuber des Einsatzstabs Reichsleiter Rosenberg, im Museum „Jeu de Paume" in Paris, Werke begutachten und eventuell auch mitnehmen können. Einen konkreten schriftlichen Nachweis, dass er im „Jeu de Paume" gewesen sei, könne Petropoulos aber nicht vorlegen[393].

Eine pauschale Verurteilung verbiete sich dagegen, schreibt die Süddeutsche, da die „Sammlung Gurlitt" bekannt war. Nach dem Krieg reiste sie sogar als Leihgabe durch die USA - ohne dass Restitutionsansprüche geltend gemacht worden[394]. Gurlitts genaue Rolle bleibt daher unklar: War der Händler Kunstretter oder Profiteur?[395] Sicherlich wird man beide Beschreibungen bejahen können. Hildebrand Gurlitt hatte eine privilegierte Stellung als Kunsthändler im Nationalsozialismus und hatte sich dadurch eine Sammlung aufbauen können, in der sich heute nachweislich NS-verfolgungsbedingt entzogene Kulturgüter befanden. Für Gurlitt spricht seine Diskriminierung als früher Förderer der bei den neuen Machthabern verfemten Kunst und seine Bedrohung aufgrund seiner jüdischen Abstammung, wurde er von den Nationalsozialisten doch in die Rolle des

---

388 http://www.spiegel.de/spiegel/print/d-120780580.html zuletzt aufgerufen am 02.05.2015

389 Anton I S. 1144

390 http://www.welt.de/kultur/kunst-und-architektur/article121794456/Eine-neue-Spur-im-Fall-Gurlitt-fuehrt-nach-Dresden.html zuletzt aufgerufen am 30.04.2015

391 vgl. http://www.faz.net/aktuell/feuilleton/kunst/eine-tagung-gibt-neue-einsichten-zum-schwabinger-kunstfund-13201369.html zuletzt aufgerufen am 30.04.2015

392 http://www.zeit.de/kultur/kunst/2013-11/Gurlitt-Interview-Historiker-Petropoulos zuletzt aufgerufen am 01.08.2015

393 http://www.zeit.de/kultur/kunst/2013-11/Gurlitt-Interview-Historiker-Petropoulos/seite-2 zuletzt aufgerufen am 01.08.2015

394 vgl. http://www.sueddeutsche.de/kultur/raubkunst-von-schwabing-die-gurlitt-collection-1.1812362 zuletzt aufgerufen 30.04.2015, Koldehoff S. 39 und Mahlo in Schoeps und Ludewig S. 201 f

395 vgl. http://www.ndr.de/kultur/kunst/gurlitt103.html zuletzt aufgerufen am 30.04.2015

Kunsthändlers gedrängt. Denn was wären seine beruflichen Alternativen gewesen? Eine mangelnde Kontrolle der vier beauftragten Kunsthändler ließ offenbar auch Raum für Bereicherung bei der Verwertung der Werke der „entarteten Kunst". Entgegen der Vorschriften verblieben einige der Werke bei deutschen Privatsammlern. Die Händler rechtfertigten ihr Handeln nach dem Krieg, dass sie damit die Werke vor der Zerstörung gerettet hätten[396]. Dies scheint aber nur ein Teil der Wahrheit zu sein. Ihnen und Gurlitt muss man insbesondere zum Vorwurf machen, dass sie nach 1945 an einer Restitution kein Interesse hatten, begünstigt durch die mangelnden staatlichen Kontrollen nach 1945[397]. Gurlitt belog zunächst die amerikanischen Kunstschutzoffiziere bei seiner Vernehmung und konnte dadurch einen großen Teil seiner Sammlung zurückerhalten. Ganz im Gegenteil: Noch 1957, nach dem Tod Gurlitts, behauptete dessen Witwe, die 1968 starb, öffentlich, dass alle in dessen Besitz befindlichen Werke in der Dresdner Bombennacht verbrannt seien[398].

Bei der im Frühjahr 2012 erfolgten Beschlagnahme beim Sohn Cornelius Gurlitt der 1280 Positionen umfassenden „Sammlung Gurlitt" und den nachträglichen Funden sollte nach Ansicht des Autors eine Einteilung in drei Kategorien vorgenommen werden:

Erstens, Werke, welche von Hildebrand Gurlitt rechtmäßig erworben wurden. Dabei handelt es sich um Käufe vor 1933 bzw. nach 1945 und um Erwerbungen zwischen 1933 und 1945, die den Kriterien der alliierten Rückerstattungsgesetze entsprachen (verschärften Kriterien bei Verkäufen ab Inkrafttreten der „Nürnberger Rassegesetze" 1935). Diese Werke gehörten - bei der Beschlagnahme - unstrittig der Familie Gurlitt, der Erbfolge nach dem Sohn Cornelius[399].

Zweitens, Werke, welche aus der Verwertung des nachträglich geschaffenen „Gesetzes über die Einziehung von Erzeugnissen entarteter Kunst" von 1938 stammten.

Und drittens, Werke, bei denen es sich um NS-verfolgungsbedingt entzogene Kulturgüter (NS-Raubkunst) der vormals hauptsächlich jüdischen Eigentümer handelt.

In die letzte Kategorie scheinen laut Ronald etliche der Bilder der „Gurlitt-Sammlung" aus dem Fund im Salzburger Wohnhaus Gurlitts vom Februar 2014

---

396 vgl. http://www.abendzeitung-muenchen.de/inhalt.kunstfund-in-schwabing-jetzt-spricht-corne
   lius-gurlitt.693d5779-7ca7-4873-81f2-f9f5371ae8a8.html zuletzt aufgerufen am 30.04.2015
397 vgl. Koldehoff in Schoeps und Ludewig S. 209
398 vgl. Raue S. 4 und http://www.arte.tv/guide/de/051737-000/der-seltsame-herr-gurlitt zuletzt
   aufgerufen am 24.03.2014; so behauptete Gurlitt schon 1945, dass ein Teil seiner Sammlung
   beim Luftangriff auf Dresden verbrannt sei. Vgl. auch http://www.tagesspiegel.de/kultur/gurlitt
   -die-sammlung-glaser-der-weg-der-bilder/9119270.html zuletzt aufgerufen am 02.05.2015
399 vgl. Lange und Oehler S. 88; die Mutter verstarb den meisten Quellen zufolge aber 1968, die
   Schwester 2012

zu fallen, welche ihren Angaben zufolge eindeutig als Raubkunst zu bewerten seien, die direkt aus Frankreich stammen[400].

---

400   vgl. http://www.derbund.ch/kultur/buecher/Ein-gewissenloser-Charmeur------/story/12593243
      zuletzt aufgerufen am 30.04.2015

5 Rechtliche Einordnung

5.1 Sperrwirkung des Rückerstattungsrechts?

Wie bereits ausgeführt, schufen die Alliierten nach dem Krieg Rückerstattungs-gesetze, da sie dem deutschen Zivilrecht die Lösung der umfassenden Restituti-onsproblematik nicht zutrauten. Die Geltendmachung des Herausgabeanspruchs nach § 985 BGB, dessen restriktive temporale Präklusion einer raschen wirt-schaftlichen Genesung dienen sollte und dem Antragsteller aufgrund der Beweis-lastumkehr entgegenkam, erfolgte aufgrund der alliierten Rückerstattungsgeset-ze[401] (modifizierter Vindikationsanspruch). Vindikationsansprüche mussten der ständigen Rechtsprechung folgend nach den alliierten Rückerstattungsgesetzen in den engen Grenzen erfolgen, da sie andere Ansprüche, etwa die Vindikation nach § 985 BGB, sperrten[402]. Ebenso verhielt es sich bei den späteren bundes-deutschen Rückerstattungs- und Entschädigungsgesetzen[403]. Dem folgend konn-ten keine Vindikationsansprüche nach § 985 BGB angemeldet werden. Ein Vin-dikationsanspruch nach Ablauf der Fristen der alliierten Rückerstattungsgesetze blieb, abgesehen von engen Ausnahmen[404], verwehrt[405]. Gleiches gilt für Ent-schädigungsansprüche der späteren bundesdeutschen Rückerstattungs- und Ent-schädigungsgesetze[406].

Das größte Problem für die Antragsteller war, dass die Vermögenswerte identifizierbar angegeben werden mussten[407]. Nach Ablauf der Fristen der alliier-ten Rückerstattungsgesetze (spätestens 30. Juni 1950[408]) waren demzufolge keine

---

401 vgl. Finkenauer S. 480 und Wasmuth S. 749
402 vgl. Bergmann im Vortrag „Der Fall Gurlitt – Die Verjährung der Vindikation" http://www.fernuni-hagen.de/videostreaming/rewi/vortraege/20140710.shtml zuletzt aufgeru-fen am 24.04.2015 und Finkenauer S. 480
403 vgl. Finkenauer S. 480
404 z.B. durch die Sammelanmeldung des JRSO vom 27.06.1950 (vgl. Hartung S. 174)
405 vgl. Bergmann im Vortrag „Der Fall Gurlitt – Die Verjährung der Vindikation" http://www.fernuni-hagen.de/videostreaming/rewi/vortraege/20140710.shtml zuletzt aufgeru-fen am 24.04.2015, Finkenauer S. 480; Anton weist zudem zu Recht darauf hin, dass die Rück-erstattungsgesetze bis heute in Kraft sind (Anton I S. 448).
406 vgl. Finkenauer S. 480
407 vgl. Wasmuth S. 749
408 vgl. Wasmuth S. 749

Vindikationsansprüche aufgrund dieser Gesetze und dem Herausgabeanspruch aus § 985 BGB möglich.

Eine Kehrtwende dieser ständigen Rechtsprechung vollzog der Bundesgerichtshof erst mit seiner Entscheidung vom 16. März 2012 im Fall Sachs, der eine Sperrwirkung der (alliierten) Rückerstattungsgesetze gegenüber dem Herausgabeanspruch aus § 985 BGB verneinte[409].

In dem vorliegenden Fall musste der jüdische Zahnarzt Dr. Sachs seine umfangreiche Plakatsammlung, welche zuvor von der Gestapo beschlagnahmt worden war, bei seiner Emigration 1938 in Deutschland zurücklassen. Nach dem Krieg war vom Verlust der Sammlung ausgegangen worden, sodass Dr. Sachs Entschädigungsansprüche nach dem damals geltenden bundesdeutschen Rückerstattungsrecht geltend machte und in einem Vergleich 1961 225 000 Mark Wiedergutmachung von der Bundesrepublik Deutschland erhielt. Erst 1966 erfuhr Dr. Sachs, dass sich Teile der Sammlung im Berliner Zeughaus Unter den Linden, dem heutigen Deutschen Historischen Museum, in der DDR befanden. 2005 begann sein Sohn Peter Sachs, seinen Anspruch auf Herausgabe der Sammlung auf Grundlage der Washingtoner Erklärung zu betreiben, was vom Deutschen Historischen Museum mit Verweis auf die Entschädigungszahlung 1961 abgelehnt wurde. Auch die Beratende Kommission empfahl 2007, die Plakatsammlung im Deutschen Historischen Museum zu belassen[410]. Daraufhin klagte Peter Sachs vor dem Landgericht Berlin, das ihm das Eigentumsrecht an der Sammlung seines Vaters zusprach[411]. In nächster Instanz entschied das Berliner Kammergericht, dass die Herausgabeansprüche von Peter Sachs verwirkt seien. Dieser bleibe aber weiterhin Eigentümer der Sammlung[412].

Am 16. März 2012 verneinte dann der Bundesgerichtshof in seiner Entscheidung die Sperrwirkung der Rückerstattungsgesetze, wenn der Verbleib vor Fristablauf nicht bekannt war: „Die Rückerstattungsanordnung für das Land Berlin schließt den Herausgabeanspruch nach § 985 BGB nicht aus, wenn der verfolgungsbedingt entzogene Vermögensgegenstand nach dem Krieg verschollen war und der Eigentümer erst nach Ablauf der Frist für die Anmeldung eines

---

409   vgl. http://juris.bundesgerichtshof.de/cgi-bin/rechtsprechung/document.py?Gericht=bgh&Art=en &Datum=Aktuell&nr=59992&linked=urt&Blank=1&file=dokument.pdf zuletzt aufgerufen am 20.08.2014

410   vgl. Anton I S. 763 f und http://www.sueddeutsche.de/kultur/bgh-grundsatzurteil-zu-ns-raubkunst-museum-muss-plakatsammlung-zurueckgeben-1.1310547   zuletzt   aufgerufen 20.05.2015

411   vgl.   http://www.welt.de/kultur/article3180156/Berlin-verliert-Gerichtsstreit-um-Doggen-Titel blatt.html zuletzt aufgerufen 20.05.2015; die Beklagte berief sich beim Herausgabeanspruch aber ausdrücklich nicht auf die Einrede der Verjährung

412   vgl. http://www.welt.de/welt_print/kultur/article6023370/Berlin-darf-Sachs-Sammlung-behalten. html zuletzt aufgerufen am 20.05.2015

Rückerstattungsanspruchs von seinem Verbleib Kenntnis erlangt hat."[413] Nach dieser neuen Rechtsauffassung wird der Herausgabeanspruch nach § 985 BGB eben gerade nicht durch die besonderen Regelungen über die Wiedergutmachung des nationalsozialistischen Unrechts verdrängt, da laut Bundesgerichtshof die Frist hier keine Geltung habe, weil die Sammlung zu diesem Zeitpunkt als verschollen galt. Würde man dies verneinen, so „wären der Berechtigte und seine Rechtsnachfolger von der vorrangig angestrebten Wiedergutmachung durch Rückgabe dauerhaft ausgeschlossen, obwohl diese, wenn auch zu einem späteren Zeitpunkt, tatsächlich und auf der Grundlage der allgemeinen Gesetze auch rechtlich möglich ist. Die alliierten Rückerstattungsbestimmungen hätten dem Berechtigten damit jede Möglichkeit genommen, die Wiederherstellung des rechtmäßigen Zustands zu verlangen und auf diese Weise das nationalsozialistische Unrecht perpetuiert. Ein solches Ergebnis ist mit dem Sinn und Zweck dieser Bestimmungen, die Interessen des Geschädigten zu schützen (vgl. BGH, Beschluss vom 28. Februar 1955 - GSZ 4/54, BGHZ 16, 350, 357), nicht zu vereinbaren."[414]

Die Süddeutsche Zeitung kommentierte das Urteil des Bundesgerichtshofes entsprechend: „Mit dem Auftauchen der Stücke gelte die Regelung „Rückerstattung vor Entschädigung". Andernfalls werde nationalsozialistisches Unrecht fortgesetzt[...]"[415].

Diese vom Bundesgerichtshof damit erlaubte Ausnahme vom Vorrang des Rückerstattunsgrechts für Anspruchsteller dürfte noch für weitreichende Folgen für viele vergleichbare Fälle von Restitutionsbegehren sorgen. Denn zur „Wiedergutmachung erlittenen NS-Unrechts werden die Eigentümer oder deren Rechtsnachfolger in der Regel auf die Rückführung in specie und auf eine Derogation der 30-jährigen Präklusion kultureller Restitutionsansprüche"[416] - Letzteres stand hier entgegen der veröffentlichten Meinung gar nicht zur Entscheidung, da das Deutsche Historischen Museum die Einrede der Verjährung ausdrücklich nicht erhob - pochen. Neben der bisherigen Restitutionspraxis von NS-Raubkunst stellt es auch die Entscheidungen der Beratenden Kommission in Streitfällen als Ausdruck der moralischen Umsetzung der Washingtoner Erklärung infrage.

---

413 http://juris.bundesgerichtshof.de/cgi-bin/rechtsprechung/document.py?Gericht=bgh&Art=en&
     nr=59992&pos=0&anz=1 zuletzt aufgerufen am 20.05.2015
414 http://juris.bundesgerichtshof.de/cgi-bin/rechtsprechung/document.py?Gericht=bgh&Art=en&
     nr=59992&pos=0&anz=1 zuletzt aufgerufen 20.05.2015
415 http://www.sueddeutsche.de/kultur/bgh-grundsatzurteil-zu-ns-raubkunst-museum-muss-plakat
     sammlung-zurueckgeben-1.1310547 zuletzt aufgerufen am 20.05.2015
416 Anton II S. 858

Die Auffassung, dass die zivilrechtlichen Herausgabeansprüche nicht von den Rückerstattungsgesetzen verdrängt werden, vertraten u.a. Rudolph und Hartung schon vor der Entscheidung des Bundesgerichtshofes[417].

5.2 Zivilrechtlicher Herausgabeanspruch von Anspruchstellern bezüglich der „Sammlung Gurlitt"

Anhand der benannten drei Kategorien soll jetzt ein möglicher Herausgabeanspruch gemäß § 985 BGB geprüft werden, demzufolge der Eigentümer vom Besitzer die Herausgabe der Sache verlangen kann.

Rudolph verweist folgerichtig auf die Restitutionsproblematik bei Kunstwerken: Im Gegensatz zu Grundstücken, bei denen eine Rückübertragung nach 1945 wesentlich einfacher vollzogen werden konnte, da sie ja physisch vorhanden waren und der Anspruchsgegner leicht über das Grundbuchamt ermittelt werden konnte, waren die zu restituierenden Kunstwerke oftmals nicht auffindbar, sodass der frühere Eigentümer eines NS-verfolgungsbedingt entzogenen Kulturgutes in den meisten Fällen nicht bis zum Ablauf der Anmeldefristen seinen Anspruch anmelden konnte, da ihm oftmals weder Verbleib der Sache noch ein möglicher Rückerstattungspflichtiger bekannt waren[418].

Gemäß § 985 BGB muss sich die Sache im Eigentum des Anspruchsstellers befinden bzw. im Umkehrschluss: Die Werke befanden sich - bei der Beschlagnahme - nicht im Eigentum von Cornelius Gurlitt.

Als Erstes stellt sich die Frage, ob die Kunstwerke dem Sachenrecht des BGB unterliegen, oder hier ein besonderer Schutz durch eine spezialgesetzliche Norm zu berücksichtigen ist. § 90 BGB definiert den Sachenbegriff kurz als körperlichen Gegenstand. Ein besonderer Schutz im deutschen Recht, etwa durch das Gesetz zum Schutz deutschen Kulturgutes gegen Abwanderung, ist hier aber nicht ersichtlich. Hartung erklärt, dass das deutsche Recht keine Sonderbehandlung von Kulturgütern in dinglicher Hinsicht postuliert. Sie fallen unter den Begriff der beweglichen Sache[419]. So stellt auch Müller-Katzenburg fest, dass ebenso für Kulturgüter nach deutschem Recht die allgemeinen Verjährungsvorschriften gelten[420]. Eine Eigenständigkeit für Kunstwerke vor Gericht verneint auch Bergmann[421]. Kunze stellt zudem fest, dass die Kauf-, Tausch- und Kommissi-

---

417   vgl. Hartung S. 169 und Rudolph S. 94 ff
418   vgl. Rudolph S. 98
419   vgl. Hartung S. 261, 319 und Kunze S. 159
420   vgl. Müller-Katzenburg S. 333, 335
421   vgl. Bergmann im Vortrag „Der Fall Gurlitt – Die Verjährung der Vindikation"
       http://www.fernuni-hagen.de/videostreaming/rewi/vortraege/20140710.shtml zuletzt aufgerufen am 24.04.2015

onsverträge bei den Veräußerungen aus dem „Gesetz über Einziehung von Erzeugnissen entarteter Kunst" schuld- und sachenrechtlichen Vorschriften des BGB zuzuordnen sind[422]. So richtet sich innerhalb der deutschen Sachenrechtsordnung der derivative Eigentumserwerb von Kulturgütern nach den allgemeinen Vorschriften des Mobiliarerwerbs nach den §§ 929 ff BGB, ohne dass kulturgüterspezifische Sondergesetze Platz greifen, wie Anton erläutert[423].

Des Weiteren müssen die Anspruchsteller weiterhin Eigentümer des beanspruchten Kunstwerkes sein. Die setzt voraus, dass Hildebrand Gurlitt bzw. Cornelius Gurlitt im Rahmen der Erbfolge - zum Zeitpunkt der Beschlagnahme - kein Eigentum an den Kunstwerken erworben hatten.

Bei der ersten Kategorie (siehe Kapitel 4.2), den rechtmäßigen Erwerbungen auch anhand der verschärften Kriterien der alliierten Rückerstattungsgesetze, ist vom rechtmäßigen Eigentum des Cornelius Gurlitt im Rahmen der Erbfolge auszugehen. Ein Herausgabeanspruch gemäß § 985 BGB ist hier zu verneinen. Insgesamt geht man hier von 303 bis 330 Werken aus[424].

Bei der zweiten Kategorie, den Werken, welche als „entartete Kunst" identifiziert wurden, wird eine Größenordnung von 382 bis 480 Werken angegeben[425]. Bei dieser Kategorie handelt es sich um die von den Nationalsozialisten verfemte Kunst der Moderne, welche nicht dem eigenen Schönheitsideal entsprach und als „undeutsch" diffamiert wurde[426]. 1937 wurden auf einen Erlass Hitlers mindestens 20 000 Kunstwerke der als „Produkte der Verfallszeit" geschmähten Kunstrichtungen aus den staatlichen deutschen Museen beschlagnahmt[427] und im Juli 1937 die Schmähausstellung „Entartete Kunst" in München der Öffentlichkeit präsentiert[428]. Nachträglich wurden die Beschlagnahmungen per Gesetz legalisiert[429]. Zugleich wurde auch die rechtliche Grundlage für den Verkauf der Werke geschaffen, denn § 1 des „Gesetzes über Einziehung von Erzeugnissen entarteter Kunst" vom 31. Mai 1938 bestimmte: „Die Erzeugnisse entarteter Kunst, die vor dem Inkrafttreten dieses Gesetzes in Museen oder der Öffentlichkeit zugänglichen Sammlungen sichergestellt und von einer vom Führer und Reichskanzler bestimmten Stelle als Erzeugnisse entarteter Kunst festgestellt sind, kön-

---

422 vgl. Kunze S. 101
423 vgl. Anton II S. 74
424 vgl. http://www.art-magazin.de/szene/67254/der_fall_gurlitt zuletzt aufgerufen am 24.04.2015 und Mahlo in Schoeps und Ludewig S. 203
425 vgl. Hartung in Schoeps und Ludewig S. 152, vgl. http://www.art-magazin.de/ szene/67254/der_fall_gurlitt zuletzt aufgerufen am 24.04.2015 und Mahlo in Schoeps und Ludewig S. 203
426 Hüneke in Hoffmann und Hüneke S. 7
427 vgl. ebd. S. 8
428 ebd.
429 „Gesetz über Einziehung von Erzeugnissen entarteter Kunst" vom 31. Mai 1938

nen ohne Entschädigung zugunsten des Reiches eingezogen werden, soweit sie bei der Sicherstellung im Eigentum von Reichsangehörigen oder inländischen juristischen Personen standen."[430]

An der Verwertung zur Devisenbeschaffung waren auch Hildebrand Gurlitt, sowie sein Cousin Wolfgang Gurlitt, beteiligt[431]. Ein Teil der Werke wurde aber auch vernichtet[432]. Die eigentumsrechtliche Problematik bei Werken der „entarteten Kunst" wird differenzierter betrachtet, da sich die meisten Werke im Eigentum staatlicher Museen, also im Eigentum der öffentlichen Hand, befanden[433]. Hier sollte grundsätzlich zwischen zwei Provenienzen unterschieden werden: In den staatlichen Museen beschlagnahmte Werke im öffentlichen und im privaten Eigentum[434] (z.B. private Leihgaben bzw. im Besitz von privaten Museums- oder Kunstvereinen). Beide Kategorien waren laut dem „Gesetz über Einziehung von Erzeugnissen entarteter Kunst" betroffen. Die herrschende Meinung geht von einer wirksamen Eigentumsübertragung bei beiden Kategorien aus[435]. Dafür sprechen die Gesetzgebungskompetenz der Reichsregierung, die Nichtaufhebung des Gesetzes nach 1945[436] - gerade zur Gewährung der Rechtssicherheit gegenüber den Erwerbern auf dem Kunstmarkt - sowie eine fehlende Diskriminierung einzelner Personengruppen bei der Einziehung, da die Wegnahmen im Wesen der verfemten Kunst selbst lagen und die Rechtsprechung der Nachkriegszeit, die Rückgabeansprüche an Werken „entarteter Kunst" aufgrund der Rückerstattungsgesetze verneinte[437]. Auch in der Washingtoner Erklärung ist kein Bezug auf „entartete Kunst" erkennbar[438]. Demzufolge wird im „Gesetz über Einziehung von Erzeugnissen entarteter Kunst" eine rechtswirksame Legitimationsgrundlage der sichergestellten „entarteten Kunst" gesehen und ein Herausgabeanspruch gemäß § 985 BGB verneint, da die Käufer wirksam Eigentum an den

---

430 Hüneke in Hoffmann und Hüneke S. 8
431 vgl. Hoffmann in Hoffmann und Hüneke S. 6
432 vgl. Kunze S. 48 und Hüneke in Hoffmann und Hüneke S. 9
433 vgl. Heuer in http://www.geschkult.fu-berlin.de/e/khi/forschung/entartete_kunst/dossier/
      Broschuere_Heuer.pdf zuletzt aufgerufen am 02.05.2015
434 Petropoulos verneint eine Konfiskation aus privaten Sammlungen (S. 77 ff). Dies widerspricht
      aber den bisher bekannten Beispielen der Einziehungen, dem Wortlaut des Gesetzes und einem
      Erlass Görings vom 29. Juli 1937 (vgl. Anton I S. 994).
435 vgl. ebd. und Heuer in Hoffmann und Hüneke S. 10; sowie Gespräch mit Frau Dr. Hoffmann
      von der Berliner Forschungsstelle Entartete Kunst am 19.08.2014
436 Das Gesetz trat formell infolge der Nichtaufnahme in die Sammlung des Bundesgesetzblatts
      Teil III am 31.12.1968 außer Kraft (vgl. Kunze S. 66)
437 vgl. Heuer in http://www.geschkult.fu-berlin.de/e/khi/forschung/entartete_kunst/dossier/
      Broschuere_Heuer.pdf zuletzt aufgerufen 02.05.2015, Heuer in Hoffmann und Hüneke S. 10 ff,
      Anton I S. 1125, 1064 f, 1124-1132, Kunze S. 89, Wasmuth S. 751, Hartung S. 179 und Gespräch mit Frau Dr. Hoffmann von der Berliner Forschungsstelle Entartete Kunst am
      19.08.2014
438 vgl. Wasmuth S. 751 f

Werken erlangt haben. Folgt man dieser Argumentation, so bleibt ferner festzustellen, dass es sich hier nach der vorangegangenen Definition auch nicht um NS-Raubkunst handelt.

Eine andere Meinung wird u.a. durch Kunze vertreten. Er verneint die Geltung des „Gesetzes über Einziehung von Erzeugnissen entarteter Kunst" als materielles Recht aufgrund der durch Radbruch nach dem Krieg entwickelten Unerträglichkeitsthese von Anfang an[439]. Demzufolge handele es sich um „gesetzliches Unrecht", wenn „der Widerspruch zwischen materiellem Recht und Gerechtigkeit ein derart unerträgliches Maß erreichen kann, daß einem Gesetz die Würde geltenden Rechts und damit die Rechtsnatur an sich aberkannt werden muß."[440] Die herrschende Meinung verneint aber Radbruchs Unerträglichkeitsthese bei den Werken der „entarteten Kunst", da „nur" eine Kunstform verfolgt wurde. Kunze argumentiert dagegen, dass das „Gesetz über Einziehung von Erzeugnissen entarteter Kunst" gerade eine politisch-weltanschauliche Diffamierungskampagne gegen die als „jüdisch-bolschewistisch" betitelten und mit Geisteskranken verglichenen Künstlern darstellte[441]. Kunze folgert: „Die Folge dieser Unvereinbarkeit mit wesentlichen Prinzipien der Gerechtigkeit ist, daß das Gesetz niemals Recht geworden ist und von Anfang an nichtig war. In der Konsequenz sind auch die einzelnen Enteignungen nichtig und konnten keine Eigentumsposition zugunsten des Reiches begründen."[442] Kunze untersucht daraus folgend dann die Möglichkeiten des Eigentumserwerbs im Rahmen des gutgläubigen Erwerbs vom Nichtberechtigten, im Wege öffentlicher Versteigerungen (Kunstauktionen) bzw. der Ersitzung[443], wobei im konkreten Fall von Gurlitt insbesondere die letztere Kategorie zu prüfen wäre. Darüber hinaus verweist Kunze auf eine weitere, sehr wichtige Kategorie der Geschädigten durch die „Einziehungen" im Rahmen des Gesetzes, nämlich die Enteignungen[444] von ausländischen Staatsbürgern, welche dort gar nicht vorgesehen waren und zudem gegen das Völkerrecht verstießen[445]. Da Hildebrand Gurlitt mit dem Gemälde „Sumpflegende" von Paul Klee, das einer russischen Staatsangehörigen gehörte, mindestens ein Werk dieser Kategorie kaufte, besteht zumindest die Möglichkeit, dass sich im Bestand der „Sammlung Gurlitt" weitere Werke dieser Provenienz befinden.

---

439 vgl. Kunze S. 67 ff
440 vgl. Heuer in http://www.geschkult.fu-berlin.de/e/khi/forschung/entartete_kunst/dossier/ Broschuere_Heuer.pdf zuletzt aufgerufen 02.05.2015, Rechtschreibung wie im Original
441 vgl. Kunze S. 67 ff
442 Kunze S. 262 Rechtschreibung wie im Original und Hipp S. 52 f
443 vgl. Kunze S. 158 ff
444 Kunze sieht in den Einziehungen bzw. Sicherstellungen Enteignungen; vgl. Kunze S. 85 f
445 vgl. Kunze S. 90 f, 93 ff und Anton I S. 1051

Laut offizieller Angabe der Leiterin der TASKFORCE „Schwabinger Kunstfund" können sich von den 384 Werken des Bestandes, die im Zusammenhang mit der Aktion „Entartete Kunst" stehen, auch Bilder befinden, die mutmaßliche NS-Raubkunst sind[446].

Differenzierter gesehen wird die eigentumsrechtliche Problematik bei anderen Autoren: Die entschädigungslose Enteignung der im Privateigentum stehenden Kunstwerke sehen sie aufgrund von Radbruchs Theorie vom „gesetzlichen Unrecht" als unwirksam an[447]. Eigentumsverluste staatlicher Museen, öffentlicher Sammlungen und der Landesmuseen, welche als Staatsbesitz an Dritte veräußert werden konnten, sehen sie dagegen als rechtswirksam an[448].

Je nachdem, welcher der Einschätzung sich angeschlossen wird, hat Hildebrand Gurlitt Eigentum an den von ihm gekauften Kunstwerken der „entarteten Kunst" erworben oder nicht. Sicher ist nur der Eigentumsverlust bei den Enteignungen von ausländischen Staatsbürgern zu verneinen, welcher nicht einmal im „Gesetz über Einziehung von Erzeugnissen entarteter Kunst" formuliert worden war. Die häufig vorgebrachte Ansicht, dass Gurlitt als Kunsthändler in Kommission[449] gehandelt hat, wird von der Kunsthistorikerin Hoffmann von der Forschungsstelle Entartete Kunst verneint[450]. Sie erklärte im Gespräch mit dem Autor, dass nur ein einziger Kommissionsvertrag zwischen dem Deutschen Reich und Gurlitt bekannt sei. Bei den anderen Vereinbarungen habe es sich um Kauf- oder Tauschverträge gehandelt[451].

Wird ein Eigentumsverlust allerdings wie von Kunze verneint, so ist zu prüfen, ob Gurlitt möglicherweise nachträglich Eigentum an den abhandengekommenen Kunstwerken erworben haben könnte[452] (siehe nachfolgende Untersuchungen).

Diese Arbeit beschäftigt sich aber hauptsächlich mit dem Umgang mit NS-Raubkunst, den NS-verfolgungsbedingt entzogenen Kulturgütern. Je nach Beurteilung können darunter auch Werke der „entarteten Kunst" fallen, wenn z.B. den Ausführungen Kunzes gefolgt wird, der im „gesetzlichen Unrecht" des „Gesetzes

---

446 vgl. http://www.art-magazin.de/szene/67254/der_fall_gurlitt zuletzt aufgerufen am 24.04.2015
447 vgl. Anton I S. 1133 ff und Schnabel und Tatzkow S. 40; Eigentum konnte demnach nur unter den engen Voraussetzungen des gutgläubigen Erwerbs abhandengekommener Gegenstände erfolgen (vgl. Anton I S. 1133).
448 vgl. Schnabel und Tatzkow S. 40, Anton I S. 1107 f, 1123 und Heuer in http://www.gesch kult.fu-berlin.de/e/khi/forschung/entartete_kunst/dossier/Broschuere_Heuer.pdf zuletzt aufgerufen am 02.05.2015
449 vgl. Raue S. 3 f; vgl. hierzu auch Kunze S. 195 ff; so verneint Kunze hier einen Eigentumswechsel beim Kauf über Kommissionäre
450 vgl. hierzu auch Wasmuth S. 751 Fußnote 69
451 Gespräch mit Frau Dr. Hoffmann von der Berliner Forschungsstelle Entartete Kunst am 19.08.2014
452 vgl. Anton I S. 1133 und Kunze S. 137 ff,158 ff

über Einziehung von Erzeugnissen entarteter Kunst" und den Einziehungen ein „Gesamtziel der Beseitigung jüdischer Kultur sowie der Juden selbst aus dem Alltagsleben, in concreto aus dem Bereich der bildenden Künste"[453] sah.

Die dritte und besonders interessierende Kategorie beschäftigt sich nach der hier vertretenen Definition von Hartung, Lost Art und Tatzkow mit Werken, bei denen es sich - wie bereits angesprochen - um zwischen 1933 und 1945 durch die Nationalsozialisten verfolgungsbedingt entzogene Kulturgüter handelt, die zwangsweise abhandenkamen und in der Folge nicht zurückerstattet wurden[454].

Dies setzt ein verfolgungsbedingtes Abhandenkommen der Sache, also des Kunstwerks, beim Eigentümer voraus. Es ist demnach zu prüfen, ob ein Abhandenkommen im Sinne des Zivilrechts anzunehmen ist.

Schnabel und Tatzkow definieren den Begriff im Sinne der Fragestellung folgendermaßen: „Kunstwerke sind dem Eigentümer bzw. Besitzer abhandengekommen, wenn sie gegen oder ohne seinen ausdrücklichen Willen aus seinem Besitz gestohlen, unterschlagen, beschlagnahmt, enteignet oder auf sonstige Weise weggenommen wurden und er den Besitz und die Verfügungsbefugnis darüber verloren hat."[455] Hartung definiert das Abhandenkommen im Sinne des § 935 Abs. 1 BGB als den (unfreiwilligen) Besitzverlust ohne - nicht notwendigerweise gegen - den Willen des unmittelbaren Besitzers oder Besitzmittlers, also der unfreiwillige Verlust des unmittelbaren Besitzes. Die Beweislast liegt allerdings bei demjenigen, der den Eigentumserwerb aus diesem Grunde bestreitet. Entscheidend bleibe demnach, ob der Eigentümer den Rechtsschein des Besitzes willentlich aus seiner Sphäre entlassen hat[456]. Verfolgungsbedingt entzogene Kulturgüter (Kategorie drei) gelten als Abhandenkommen im Sinne des § 935 Abs. 1 BGB, obwohl diese Gegenstände dem äußeren Erscheinungsbild nach nicht geraubt wurden. Hartung beschränkt sich zwar auf das deutsche Territorium, erklärt aber, dass Beschlagnahmeaktionen jüdischen Besitzes „zum Zwecke ihrer Sicherstellung" schon bereits zum Zeitpunkt ihrer Vornahme aufgrund der Radbruch'schen Formel nichtig seien[457]. So habe das Landgericht Berlin bereits 1947 festgestellt, dass die Verfügung über jüdisches Eigentum durch NS-Behörden als eine Verletzung aller in einem Rechtsstaate geltenden Grundsätze anzusehen sei. Dementsprechend müsse dergestalt in den Rechtsverkehr gebrachtes jüdisches Eigentum grundsätzlich als abhandengekommen im Sinne des § 935 Abs. 1 BGB angesehen werden[458]. Auch Rudolph betrachtet jede Entzie-

---

453   Kunze S. 76
454   siehe Kapitel 3.2
455   Schnabel und Tatzkow S. 503
456   vgl. Hartung S. 276
457   vgl. Hartung S. 279
458   vgl. ebd.

hung durch staatlichen Hoheitsakt aufgrund des fehlenden Besitzübertragungs-
willens des Eigentümers als nichtig. Alle durch staatlichen Hoheitsakt entzogenen Kunstwerke sind im Sinne § 935 Abs. 1 BGB als abhandengekommen anzusehen[459]. Die Gesetze zur Verstaatlichung der Raubkunst waren aufgrund der
Radbruch'schen Formel von Anfang an nichtig, sodass die individuellen Privat-
eigentümer auch weiterhin Eigentümer der eingezogenen Kunstwerke blieben.
Das Deutsche Reich handelte als zur Verfügung Nichtberechtigter[460].

Doch wie verhält es sich mit den formell-rechtlich korrekten Zwangsverkäufen - der Weggabe und nicht der Wegnahme wie oben geschildert? Rudolph
spricht in diesem Zusammenhang auch von Entziehungen durch Rechtsgeschäft[461]. Für Rudolph stellt sich die Frage, ob eine Bedrohung gegen die Eigentümer von dritter Seite, nämlich dem nationalsozialistischen Regime, ausgegangen ist. Für die jüdische Bevölkerung des Deutschen Reiches steht nach Rudolph
fest, dass seit dem 30. Januar 1933, diese unter einem rechtserheblichen Kollektivzwang des nationalsozialistischen Regimes gestanden hat. Dies belege auch
Art. 3 Abs. 1 USREG, wonach die Entziehungsvermutung für alle Rechtsgeschäfte gilt, die in der Zeit vom 30. Januar 1933 bis zum 08. Mai 1945 getätigt
worden waren[462]. Art. 2 Abs. 1 a) USREG bestimmte zudem, dass ein „gegen die
guten Sitten verstoßendes Rechtsgeschäft" eine Entziehung im Sinne der Rückerstattungsgesetze darstelle.[463] Andere Autoren sehen eine rechtlich relevante
Kollektivdrohung erst mit dem Novemberprogrom von 1938 gegeben[464]. Der
Autor sieht den Beginn der Kollektivdrohung[465] mit dem Zeitpunkt der sogenannten Machtübernahme eingesetzt. Eine Radikalisierung setzte spätestens mit
Erlass der „Nürnberger Rassegesetze" 1935 ein. Bei Uneinigkeit schlägt der
Autor eine Orientierung an den Kriterien der alliierten Rückerstattungsgesetze
vor, um ein verfolgungsbedingtes Abhandenkommen zu prüfen. Rudolph sieht
den verfolgungsbedingten Verlust bei sämtlichen Rechtsgeschäften zwischen
dem 30. Januar 1933 bis zum 08. Mai 1945 für jüdische Eigentümer, da die Besitzaufgabe ohne deren Willen erfolgt sei. Demzufolge sind auch veräußerte
Kunstwerke als abhandengekommen im Sinne des § 935 Abs. 1 S. 1 BGB anzusehen[466].

---

459 vgl. Rudolph S. 230 ff
460 vgl. Anton I S. 407, 433, 1145 ff, 1153 f; Rudolph S. 162, 167 f
461 vgl. Rudolph S. 230
462 vgl. ebd. S. 230 ff
463 vgl. Anton S. 448; die Entziehungsvermutung konnte aber vom Besitzer anhand der Kriterien
     im Rückerstattungsrecht widerlegt werden
464 vgl. Rudolph S. 231
465 Anton spricht ebenfalls von Kollektivzwang und Kollektivdrohung (Anton I S. 437 ff); der
     Autor favorisiert letzteren Begriff
466 vgl. Rudolph S. 232

Anton bezeichnet die unfreiwilligen Veräußerungen als kulturelles Fluchtgut, die von ihm so bezeichnete erste Raubkunstphase. Die zumeist jüdische Bevölkerung stand unter indirekter diskriminierender Einflussnahme, sodass auch heute noch von der Nichtigkeit kultureller Veräußerungsgeschäfte zwischen 1933 und 1945 bei Vorliegen einer Notlage der verfolgten, zumeist jüdischen, Bevölkerungsgruppen ausgegangen werden sollte[467], sodass kein Eigentumsverlust bei der Veräußerung kulturellen Fluchtguts entstand[468]. Es gelten die entsprechenden Kriterien der alliierten Rückerstattungsgesetze zur Widerlegung. Diesbezüglich muss sich ein möglicher Rückerstattungsverpflichteter nicht sorgen, da heutzutage dem Anspruchsteller die Darlegungs- und Beweislast für die anspruchsbegründenden Tatsachen auferlegt wird[469]. Rudolph geht dagegen von einer immer noch gültigen Beweislastumkehr zugunsten des Antragstellers aus[470]. Der Verlust des Eigentums ursprünglich Berechtigter im nationalen Kulturgüterverkehr ist aber grundsätzlich noch möglich. Anton qualifiziert die formal freiwilligen Veräußerungen des sogenannten kulturellen Fluchtguts unter Drohung, Zwang und Gewalt auch als Abhandenkommen, denn dies verhindert gerade den gutgläubigen Erwerb des Eigentums der zumeist jüdischen Verkäufer auf Grund der §§ 932 bis 934 BGB, der dann „nicht eintritt, wenn die Sache dem Eigentümer gestohlen worden, verloren gegangen oder sonst abhandengekommen war[.]"[471] - der grundsätzliche Ausschluss des gutgläubigen Erwerbs unrechtmäßig entzogener Kulturgüter innerhalb der deutschen Rechtsordnung[472]. Er begründet dies mit der „Konstellation der Kollektivdrohung"[473] gegenüber der (zumeist) jüdischen Bevölkerungsgruppe, da in dieser Situation der Drohung dem Besitzer die Zwangslage und damit die Unfreiwilligkeit seines Besitzverlustes bewusst gewesen und daher Abhandenkommen anzunehmen ist, denn hinsichtlich der Besitzaufgabe entstand „eine Situation der Unfreiwilligkeit in Form eines der unwiderstehlichen Gewalt gleichstehenden seelischen Zwanges"[474]. Somit wurde „in rechtswidriger Weise auf den Willen bei der Besitzaufgabe von außen eingewirkt"[475]. Anton unterstreicht damit den „Bestandsschutz des Eigentums an gestohlenen, verloren gegangenen oder sonst abhandengekommenen Kulturgütern Vorrang vor dem Interesse an der Sicherheit und Leichtigkeit des

---

467   vgl. Anton I S. 458
468   vgl. Anton I S. 433 ff
469   vgl. Anton I S. 480, 482
470   vgl. Rudolph S. 153 ff
471   Anton II S. 75
472   vgl. Anton II S. 72 ff
473   Anton II S. 98
474   Anton II S. 126; vgl. auch Anton II S. 98 und 101
475   ebd. S. 99

(inter-)nationalen Kulturgüterverkehrs"[476]. Ausnahme bildet der Fall einer öffentlichen Versteigerung kultureller Güter gemäß §§ 935 Abs. 2 i.V.m. 383 Abs. 3 BGB[477], der gutgläubigen Erwerb abhandengekommener Kulturgüter vom Nichtberechtigten ermöglicht[478]. Anton qualifiziert die Besitzübertragung sogenannten kulturellen Fluchtguts trotz ihrer formalen Freiwilligkeit „als ohne Willen des Eigentümers und die übergebene Sache als abhandengekommen im Sinne des § 935 Abs. 1 BGB"[479]. Diese Regelung greift übrigens den weiten Restitutionsbegriff der Londoner Erklärung und aus dem Militärgesetz Nr. 52 auf, in welcher der Begriff „Zwang" nicht im Wortsinne verstanden wurde, sondern auch normale Handelsgeschäfte, mithin die freiwillige Veräußerung von Kulturgütern (auch auf Initiative des Verkäufers hin), umfasste[480]. Auch Hartung und Anton bejahen eine Zwangslage im Sinne des § 138 II BGB[481].

Eine gegenteilige Auffassung vertreten Schüppen und Stürner sowie Schnabel und Tatzkow. Schüppen und Stürner führen aus, dass ein Abhandenkommen allerdings nur dann vorliege, wenn die Wegnahme ohne Rechtsgrundlage erfolgte. Insbesondere die sehr häufigen Fälle von Zwangsverkäufen (sei es aus wirtschaftlicher Not, oder sei es, um die Ausreise ins Ausland vorzubereiten) würden nach allgemeinem Verständnis und der Rechtsprechung nicht unter den Begriff des Abhandenkommens fallen (analoge Anwendung beim Entzug „Entarteter Kunst").[482] „Lediglich wenn die Wegnahme völlig ohne Rechtsgrundlage oder auf der Grundlage von NS-Gesetzen oder Verordnungen erfolgte, die Ausdruck der rassischen Verfolgung waren (und die daher nach der Radbruch'schen Formel nichtig sind)"[483], liege ein Abhandenkommen vor.

Schnabel und Tatzkow vertreten die Meinung, dass der Verkauf unter wirtschaftlichem oder persönlichem Druck sowie einer allgemeinen wirtschaftlichen Zwangssituation des Eigentümers grundsätzlich kein Abhandenkommen darstellt, weil die Besitzaufgabe nicht unfreiwillig erfolgte[484].

Diesen beiden letzteren Meinungen kann der Autor nicht folgen, da sie die mit dem 30. Januar 1933 einsetzende Kollektivdrohung gegen die zumeist jüdische Bevölkerung nicht ausreichend berücksichtigen, war doch der Antisemitis-

---

476 ebd. S. 76
477 Dies verneint allerdings Rudolph (vgl. Rudolph S. 249 f).
478 vgl. Anton II S. 77
479 ebd. S. 96
480 vgl. Hartung S. 151
481 vgl. ebd. S. 274 und Anton I S. 477; eine Anfechtung wegen widerrechtlicher Drohung gemäß
       § 123 I BGB ist aufgrund des langen Zeitablaufs ausgeschlossen (vgl. Hartung S. 274 f)
482 vgl. http://www.grafkanitz.com/media/grafkanitz/documents/do-aktuell-februar-2014---lost-and-
       found.pdf zuletzt aufgerufen am 22.05.15
483 ebd.
484 vgl. Schnabel Tatzkow S. 45

mus das prägende Element der nationalsozialistischen Bewegung und dessen Umsetzung ein vordringliches Ziel im NS-Staat, was die rasch einsetzenden Verfolgungsmaßnahmen zeigten. Die Juden waren demnach durch den Verfolgungsdruck der Nationalsozialisten schon vor Kriegsbeginn gezwungen, ihren Besitz gegen ihr Leben zu tauschen[485]. Trotzdem sollte berücksichtigt werden, dass sich mit der Radikalisierung der Judenverfolgung (und anderer Verfolgter) im NS-Staat auch die Kollektivdrohung gegen die verfolgten Personengruppen erhöhte, wobei aber die Juden herausstachen. Der Autor spricht sich daher dafür aus, grundsätzlich von einem Abhandenkommen zwischen 1933 und 1945 - wie von Rudolph, Anton und Hartung ausgeführt - auszugehen. Eine Wiederlegung dieser Vermutung würde dann anhand der bereits benannten Kriterien der alliierten Rückerstattungsgesetze erfolgen. Dies entspricht übrigens auch dem in der Handreichung zur Umsetzung der „Erklärung der Bundesregierung, der Länder und der kommunalen Spitzenverbände zur Auffindung und zur Rückgabe NS-verfolgungsbedingt entzogenen Kulturgutes, insbesondere aus jüdischem Besitz" empfohlenen Verfahren, welches ausdrücklich den Vermögensverlust durch Zwangsverkauf aufzählt[486].

Rudolph resümiert, dass „ein Rechtsgeschäft, das ein jüdischer Veräußerer in der Zeit vom 30. Januar 1933 bis zum 08. Mai 1945 abgeschlossen hat, in der Regel gegen die guten Sitten verstößt und somit nach § 138 Abs. 1 BGB nichtig ist [...], da der Verstoß gegen die guten Sitten gerade im Vollzug der Leistung liegt"[487], nämlich Eigentum an dem Gegenstand zu erwerben, den der Erwerber „ohne die Notlage des jüdischen Veräußerers nicht hätte erlangen können"[488]. Der Erwerber handelt demzufolge gerade „bei der Übertragung des Eigentums aus einem unsittlichen Beweggrund, so dass insbesondere die sie begründende Einigung nichtig ist"[489]. Demzufolge konnte sie keinen Übergang des Eigentums auf ihn bewirken[490].

Einen Eigentumsverlust bei den formal freiwilligen Zwangsverkäufen verneint folglich auch Anton[491].

Als letzter Punkt interessiert noch die Einordnung der nach der Definition möglichen NS-Raubkunst, die im Ausland beschafft wurde, da sich Hildebrand Gurlitt bekanntermaßen im Ausland, insbesondere in Frankreich, mit Kunstwerken eindeckte.

---

485 vgl. Spiegel-Dokumentation „Entartet! Die Nazis und die Kunst"
486 vgl. http://www.lostart.de/Content/09_Service/DE/Downloads/Handreichung.pdf?__blob=pub licationFile S. 27 ff; zuletzt aufgerufen am 22.05.15
487 Rudolph S. 161; dies gilt analog auch für andere Verfolgtengruppen
488 ebd.
489 ebd.
490 vgl. Rudolph S. 161 f und Anton S. 485; zur Sittenwidrigkeit ebenfalls: Hartung S. 269 ff
491 vgl. Anton S. 433 ff

Die Handreichung bezeichnet bei den Erwerbungsumständen auch den Ort des Erwerbs, wie z.b. Ankäufe in oder aus besetzen Gebieten, als möglichen Indikator für einen verfolgungsbedingten Entzug[492]. Gurlitt war nämlich akkreditierter Ankäufer in Paris für das geplante „Führermuseum" in Linz[493]. Er hielt sich während des Krieges mehrfach im besetzten Paris auf, ausgestattet mit einem für Privatpersonen offiziell verbotenen Devisenkonto[494]. Gurlitt handelte seinerzeit überwiegend mit Kunstwerken aus dem Besitz jüdischer Sammler aus Frankreich und beschaffte sich seine Ware teilweise von der Rauborganisation „Einsatzstab Reichsleiter Rosenberg" (ERR). Gurlitt bediente sich auf seinen „Einkaufstouren" auch für deutsche Museumsleiter bei den im Pariser Museum „Jeu de Paume" zusammengestellten Beständen, die vom ERR beschlagnahmt worden waren. Der ERR veräußerte einen Teil der von ihm beschlagnahmten Kunstwerke durch Verkauf oder Tausch an die vom Deutschen Reich beauftragten Kunsthändler. Zum anderen Teil beschafften französische Händler die Werke von jüdischen Sammlern. Auch Gurlitt soll in Frankreich überwiegend von anderen Händlern gekauft haben[495]. Im besetzten Frankreich trat aber die Entziehung durch Rechtsgeschäft hinter den Beschlagnahmen durch die Besatzer zurück[496]. Letztere waren aufgrund ihres Verstoßes gegen die Bestimmungen der Art. 46 Abs. 2 und Art. 56 Abs. 2 der Haager Landkriegsordnung völkerrechtswidrig (Beutenahme- und Plünderungsverbot[497]) und zivilrechtlich als nichtiger Rechtsakt anzusehen[498], sodass das Deutsche Reich daraus keine Eigentumsrechte herleiten konnte[499]. Betroffen waren hauptsächlich jüdische Privatsammler, staatliche Sammlungen wurden dagegen von den Besatzern kaum angetastet[500]. Auch die Rechtsgeschäfte, Rudolph prüft hier die Entziehung durch Rechtsgeschäft, während der deutschen Besetzung Frankreichs zwischen verfolgten (der ganz überwiegend jüdischen) Sammler und dem Deutschen Reich oder deutschen Kunsthändlern, Museen oder Privatsammlern begründeten als Verstoß gegen Art. 46 Abs. 2 und Art. 56 Abs. 2 Haager Landkriegsordnung als gesetzliche Verbote im Sinne des § 134 BGB ebenfalls keinen Eigentumsverlust[501]. Dem widerspricht Anton, der eine Nichtigkeitsfolge erst dann bejaht, wenn im konkre-

---

492 vgl. ebd. S. 11 f
493 vgl. Finkenauer S. 479
494 vgl. http://www.arte.tv/guide/de/051737-000/der-seltsame-herr-gurlitt zuletzt aufgerufen
       24.03.2014
495 vgl. Spiegel-Dokumentation „Entartet! Die Nazis und die Kunst"
496 vgl. Rudolph S. 169 f, 222 f
497 vgl. Anton I S. 379 f
498 vgl. ebd. S. 383 und Hartung S. 209 ff, 258
499 vgl. Rudolph S. 169 ff und Anton I S. 369
500 vgl. Anton I S. 325
501 vgl. Rudolph S. 169 ff

ten Einzelfall ein fundamentaler Völkerrechtsverstoß auch in den formal freiwilligen Veräußerungsgeschäften gesehen werden kann[502]. Anton differenziert, indem er eine genaue Untersuchung fordert, wann hinter einer scheinbar rechtmäßigen Akquisition kultureller Güter auch eine mittelbare Gewalt- oder Zwangseinwirkung im Sinne der Londoner Erklärung zu konstatieren ist, um eine kriegsbedingte Entziehung als völkerrechtswidrig bzw. unrechtmäßig im zivilrechtlichen Sinn zu beurteilen[503], wenn also eine Gewalt- oder Zwangseinwirkung im weitesten Sinne während des rechtsgeschäftlichen Akquisitionsvorganges tatsächlich nachgewiesen werden kann[504]. Für die unter der Besatzungsmacht verfolgte Personengruppe (vorrangig der Juden), zumindest denen, die nicht geflohen waren, ist dies letztendlich zu bejahen, da die mit ihnen getätigten Rechtsgeschäfte dann regelmäßig unter Zwangseinwirkung[505], hier Kollektivzwang einer Besatzungsmacht gegenüber einer verfolgten Bevölkerungsgruppe (im Sinne der Kollektivdrohung), getätigt worden sind. In den meisten Fällen warteten die Besatzer aber einfach ab, bis die Eigentümer geflohen waren und beschlagnahmten die Kunstwerke aufgrund Führerbefehls nach dem nationalsozialistischen Rechtsverständnis legal als „herrenlose Besitztümer", da sie ja zurückgelassen worden waren.[506] Zudem untermauert Rudolph die Annahme der Nichtigkeit der im besetzten Gebiet getätigten Konfiskationen aufgrund der alliierten Restitutionspraxis nach dem Krieg[507]. Der frühere Eigentümer habe sogar vor inländischen Gerichten sein Eigentum durch die Beschlagnahmen nicht verloren.[508] Auch bei den Rechtsgeschäften zwischen französischen Händlern und den verfolgten (zumeist) jüdischen Sammlern kann in den allermeisten Fällen von einem fehlenden Willen der Sammler zur Besitzaufgabe aufgrund der Kollektivdrohung ausgegangen werden, zumal diese (zumeist jüdischen) Personengruppen kurz vor oder unmittelbar nach dem deutschen Einmarsch aus Angst vor Repressalien unter Zurücklassung ihres Eigentums flohen. Hauptsächlich diese „herrenlose jüdischen Besitztümer" stellte der ERR auf Grundlage des Führerbefehls vom 17. September 1940 sicher, also beschlagnahmte diese[509]. Auch das in

---

502   vgl. Anton I S. 390 f
503   vgl. ebd. S. 389 f, 395, 510 f und Hipp S. 54
504   vgl. Anton I S. 398 f
505   vgl. hierzu auch Hartung S. 273
506   vgl. Spiegel-Dokumentation „Entartet! Die Nazis und die Kunst"; ein ähnliches Vorgehen erfolgte in den Niederlanden
507   vgl. Rudolph S. 182 ff
508   vgl. Anton I S. 384
509   vgl. Anton I S. 329 f, Hartung S. 264

der „Sammlung Gurlitt" befindliche Werk „Sitzende Frau" von Matisse wurde
von den deutschen Besatzern beschlagnahmt[510].

Folglich war jedwede Entziehung nichtig und hat keinen Eigentumsüber-
gang bewirkt. Das Deutsche Reich, die Kunsthändler und Privatsammler verfügten wiederum als Nichtberechtigte[511]. Ein Abhandenkommen ist dann analog der
vorherigen Prüfung zu bejahen. Für die anderen besetzten Gebiete gilt dies analog[512].

Zudem ist zu erwähnen, dass einige Exilregierungen Rechtsgeschäfte mit
den Besatzungstruppen und „feindlichen Personen" zivilrechtlich annullierten, so
auch Frankreich[513].

Im Ergebnis ist Rudolph beizupflichten, die schlussfolgert, „dass das Eigentum an Kunstwerken aus ehemals jüdischem Besitz, die in der Zeit vom 17. Mai
1940 bis zum 8. Mai 1945 im besetzten Frankreich durch Beschlagnahme deutscher Dienststellen oder Zwangsverkauf ihres Eigentümers entzogen worden
sind, nicht im Wege des gutgläubigen Erwerbs nach den §§ 932 bis 935 BGB
erworben werden kann, da dieser durch die völkerrechtliche Restitutionspflicht
(Art. 25 GG) vollumfänglich und zeitlich unbefristet ausgeschlossen ist."[514]

Es bleibt festzuhalten, dass die Sammler, denen die Kunstwerke durch
Wegnahme (direkten Entziehung) oder durch die formal rechtmäßige Weggabe
durch Rechtsgeschäft (indirekte Entziehung) abhandenkamen, ihr Eigentum aber
trotzdem daran behielten. Die Eigentumsverluste durch die unwirksamen Ver-
staatlichungen sowie die Zwangsverkäufe traten ohne Willen der Eigentümer ein,
sodass die Annahme des Abhandenkommens i.S.d. § 935 BGB gerechtfertigt ist.
Der Autor bejaht dies für Beschlagnahmungen (sogenannte Sicherstellungen) im
Inland und in den besetzten Gebieten sowie für Zwangsverkäufe im Inland und
in den besetzten Gebieten. Für die Werke der „entarteten Kunst" verneint der
Autor einen Eigentumsverlust ebenfalls bei Kunstwerken von verfolgten Privatpersonen und ausländischen Staatsbürgern. Diese Werke sind ebenfalls als abhandengekommen einzuordnen. Der Rest befand sich im Eigentum der öffentlichen Hand, war aber von den Museen nach dem Krieg bewusst nicht als restitu-
tionspflichtig angesehen worden[515]. Und so schlussfolgert auch Kunze, dass „die
Beschlagnahmen der Werke als Abhandengekommen im Sinne des § 935 Abs. 1

---

510 vgl. Spiegel-Dokumentation „Entartet! Die Nazis und die Kunst; Der Matisse sei demnach ein
     wichtiger Beleg, dass sich Gurlitt auch an Raubkunst bereichert hat.
511 vgl. Rudolph S. 185 ff
512 vgl. Anton I S. 379 ff
513 vgl. Anton I S. 523 f
514 Rudolph S. 244
515 vgl. Empfehlung des Denkmal- und Museumsrates Nordwestdeutschland vom September
     1948, die keine Maßnahmen vorsah, um das Einziehungsgesetz rückwirkend aufzuheben (vgl.
     Kunze S. 182)

BGB zu qualifizieren sind [...und, dass...] die Kunsthändler, die im Rahmen der Verwertungen Kunstwerke direkt vom Deutschen Reich erwarben, infolgedessen auch bei Gutgläubigkeit kein Eigentum erwerben konnten. Dieses Ergebnis trifft gleichermaßen zu auf käufliche Erwerbungen wie auf solche, denen ein Tauschvertrag zugrunde lag. Die Kunsthändler waren somit nicht in der Lage, wirksam Eigentum vom Deutschen Reich zu erwerben, wenn sie die Werke direkt ankauften oder gegen andere, dem Zeitgeist entsprechende Kunstwerke eintauschten. Das Eigentum verblieb trotz der Verfügung bei den Ländern bzw. den privaten Leihgebern."[516]

Infolgedessen konnte auch kein Eigentumserwerb zugunsten des Kunsthändlers Hildebrand Gurlitt erfolgen.

5.3 Nachträglicher Eigentumserwerb der Werke der „Sammlung Gurlitt"?

Nach der Feststellung, dass die Werke - eine Ausnahme bilden die Werke der ersten Kategorie - der zweiten[517] und dritten Kategorie der „Sammlung Gurlitt" abhandenkamen und sich im Eigentum der Sammler befanden, stellt sich die Frage, ob Hildebrand Gurlitt nachträglich Eigentum an diesen Werken erworben haben könnte.

§ 935 Abs. 1 BGB schließt den gutgläubigen Erwerb abhandengekommener Sachen grundsätzlich aus. Ein gutgläubiger Erwerb dieser als abhandengekommen im Sinne des § 935 Abs. 1 BGB qualifizierten Werke ist nur in denjenigen Fällen möglich, in denen das Gesetz einen gutgläubigen Erwerb auch abhandengekommener Sachen ausdrücklich zulässt. Im deutschen Recht besteht hierzu nur die Möglichkeit im Rahmen der Ersitzung gemäß § 937 BGB und des Versteigerungserwerbs gemäß § 935 Abs. 2 BGB. Eine Ausnahme bilden demzufolge Erwerbungen im Wege öffentlicher Versteigerungen (§ 935 Abs. 2 BGB). Es ist bekannt, dass Gurlitts Cousin, Wolfgang Gurlitt, ebenfalls als Kunsthändler aktiv war und auch Kulturgüter auf öffentlichen Versteigerungen erwarb, die im Zuge der nationalsozialistischen Verfolgung abhandengekommen waren[518]. Laut den bisher veröffentlichten Geschäftsunterlagen kaufte auch Hildebrand Gurlitt in Einzelfällen Werke aus den Beständen seines Cousins[519]. Für Hildebrand Gurlitt selber sind aber keine Erwerbungen aus öffentlichen Versteigerungen anhand der zugänglichen Geschäftsunterlagen ersichtlich, sodass nach Meinung des Autors

---

516 Kunze S. 193
517 unterschiedliche Beurteilung des Umfanges bei der „entarteten Kunst"
518 vgl. Anton I S. 538 ff
519 vgl. u.a. http://www.lostart.de/Content/041_KunstfundMuenchen/_Buecher/Buch2/10_S.20-
     21_1939GS.jpg?__blob=poster zuletzt aufgerufen 10.06.2015

die Prüfung eines gutgläubigen Eigentumserwerbes im Wege öffentlicher Versteigerung keiner Beachtung bedarf[520]. Somit ist für Hildebrand Gurlitt ein gutgläubiger Eigentumserwerb im Rahmen des § 935 Abs. 2 BGB als nicht relevant zu betrachten. Hildebrand Gurlitt konnte demzufolge nicht gutgläubig Eigentum gemäß § 935 Abs. 2 BGB an den infrage kommenden Werken erlangen. Wird diese Einschätzung des Autors verneint, so ist wiederum ein gutgläubiger Eigentumserwerb auf Kunstauktionen gemäß § 935 Abs. 2 in Verbindung mit §§ 932 ff BGB zu prüfen.

Des Weiteren ist zu prüfen, ob Hildebrand Gurlitt Eigentum an den Werken im Rahmen der Ersitzung erlangen konnte (§ 937 BGB).

Kunze sieht die rechtspolitische Zielsetzung des Rechtsinstituts der Ersitzung darin, „die rechtliche Beziehung einer Person zu einer Sache in Einklang zu bringen mit den tatsächlichen Verhältnissen, wie sie über eine längere Zeit Bestand gehabt haben."[521] Demnach verhindert der originäre Eigentumserwerb der Ersitzung ein dauerndes Auseinanderfallen von Besitz und Eigentum und dient daher der Befriedung und damit der Sicherheit des Rechtsverkehrs[522]. Anton sieht den allgemeinen Zweck des Rechtsinstituts darin, „dass die Ersitzung die aufgrund eines Mangels im Erwerb der Sache bewirkte Diskrepanz zwischen Besitz- und Eigentumslage beseitigt und damit den Verkehrsschutz ergänzt"[523].

Vorausgesetzt werden gutgläubiger Besitzerwerb, kontinuierlicher Eigenbesitz und Zeitablauf[524]. Gerade bei abhandengekommenen Kunstwerken spiele die Ersitzung demnach noch immer eine beachtliche Rolle, „da in diesen Fällen oft der gutgläubige Erwerb des Eigentums im Zeitpunkt der Besitzverschaffung ausgeschlossen ist"[525] (§ 935 Abs. 1 BGB). Ein Rechtserwerb durch Ersitzung erfordert aber, dass der Berechtigte sich bereits gutgläubig als Eigentümer sieht (§ 937 Abs. 2 BGB), „der Besitzer muss das Kulturgut als ihm gehörend besitzen"[526], sich demzufolge „gerade nicht bewußt sein darf, daß sein Recht zum Eigentum erst in Zukunft entsteht[527]. Zunächst müssen sich die Werke zehn Jahre im mittelbaren oder unmittelbaren Eigenbesitz des Hildebrand Gurlitt befunden haben (§ 932 Abs. 1 BGB)[528]. Anton definiert die Ersitzungszeit folgendermaßen: „Grundlage der Ersitzung bildet zunächst der zehnjährige (§§ 938, 943, 944 BGB) fortgesetzte Eigenbesitz i.S.d. § 872 BGB an dem Kulturgut. Nach § 872

---

520   zum gutgläubigen Erwerb bei öffentlichen Versteigerungen vgl. ausführlich Kunze S. 206 ff
521   Kunze S. 143
522   vgl. Kunze S. 225
523   Anton II S. 739
524   vgl. Kunze S. 143
525   Kunze S. 145
526   Anton II S. 719
527   vgl. ebd. S. 143 f
528   vgl. Kunze S. 224

BGB setzt dies voraus, dass der Besitzer das Kulturgut als ihm gehörend besitzt."[529]

Hierbei sind im Fall Gurlitt zwei Unterscheidungen vorzunehmen. Werke, die sich spätestens seit Ende 1945 im Eigenbesitz des Hildebrand Gurlitt befunden haben und Werke, die von den Amerikanern 1945 beschlagnahmt worden waren und erst am 15. Dezember 1950 an Hildebrand Gurlitt auf dessen Antrag hin vom Wiesbadener Central Collecting Point zurückgegeben wurden[530]. Bei der ersten Kategorie, den gegenüber den Amerikanern als verbrannt bzw. verschollen deklarierten Bildern, ist der mindestens zehnjährige Eigenbesitz zu bejahen. Hierbei käme Hildebrand Gurlitt auch § 938 BGB zugute, der durchgängigen Eigenbesitz gesetzlich vermutet, wenn der Besitzer am Anfang und am Ende eines Zeitraums Eigenbesitz gehabt hat. Bei der zweiten Kategorie muss eine Hemmung bzw. eine Unterbrechung der Ersitzung geprüft werden (§§ 939 f BGB). Die zehnjährige Ersitzungsfrist wird grundsätzlich unterbrochen, wenn der Ersitzende den Eigenbesitz verliert und nicht binnen Jahresfrist wiedererlangt (§ 940 Abs. 1 und 2 BGB). Hierbei ist wiederum fraglich, wie die vom Sommer 1945 bis Dezember 1950[531] andauernde und durch die Amerikaner erfolgte Beschlagnahme der Bilder zu werten ist. Eine Bejahung der Ersitzungsunterbrechung müsste zudem vom Eigentümer bewiesen werden[532]. Die Unterbrechung der Ersitzungsfrist bedeutet gemäß § 942 BGB, dass die bisher verstrichene Frist dem Ersitzenden nicht zugutekommt und dass die zehnjährige Ersitzungsfrist wieder neu beginnt, wenn die Unterbrechung endet. Zudem wird die Ersitzungsfrist gehemmt, „wenn der Eigentümer seinen Herausgabeanspruch nicht geltend machen kann, weil er objektiv an der Rechtsverfolgung gehindert war."[533] Kunze beziffert die kriegsbedingten Hemmungen der Verjährungsfristen, je nach lokaler Gesetzgebung zwischen mindestens 14 ½ Monaten bis maximal 4 Jahre und 2 ½ Monate[534], in der die Ersitzungsfrist gehemmt war, also bis spätestens zum Ende des Jahres 1948[535]. Rudolph nennt eine Hemmung der Ersitzungsfrist bis spätestens 31. März 1951 anhand von Spezialvorschriften[536]. Da Hildebrand Gurlitt 1956 starb, besteht auch hier, wie bei der Ersitzungsunterbrechung, die Möglich-

---

529 Anton II S. 741
530 vgl. Koldehoff S. 38 und Spiegel-Dokumentation „Entartet! Die Nazis und die Kunst"
531 vgl. Koldehoff S. 37 f
532 vgl. Schnabel und Tatzkow S. 47 f
533 Schnabel und Tatzkow S. 47
534 vgl. Kunze S. 228
535 Anton erklärt, dass frühestens nach Ende des Zweiten Weltkrieges ab 08.05.1945 die Ersitzungsfrist zugunsten des Eigenbesitzers beginnen konnte, wenn es sich bei den Alteigentümern um Verfolgte des NS-Regimes gehandelt habe (vgl. Anton II S. 742), weil bis dahin die Durchsetzbarkeit der Eigentumsherausgabe für den Alteigentümer ausgeschlossen war.
536 vgl. Rudolph S. 275 ff; vgl. dazu aber auch Birr S. 100

keit, dass von ihm selber die zehnjährige Ersitzungsfrist nicht erreicht wurde. Zudem kommt eine Ersitzungshemmung gemäß § 939 i.V.m. § 203 BGB[537] in Betracht. Diesbezüglich hemmen der Stillstand der Rechtspflege oder höhere Gewalt die Verjährung, sodass eine Ersitzung während dieser Zeit nicht eintreten konnte. Dies bezieht sich aber nur auf die Fälle, in denen der Eigentümer während der letzten sechs Monate der Verjährungsfrist des Herausgabeanspruchs (§ 985 BGB) an der Rechtsverfolgung verhindert war. Kunze sieht hier aber wenig Praxisrelevanz[538].

Für den Autor spielen kontinuierlicher Eigenbesitz und Zeitablauf aber eine untergeordnete Rolle, da hier ein viel entscheidender Moment betrachtet werden sollte: Gurlitt musste bei der Begründung des Eigenbesitzes gutgläubig gewesen sein, d.h. er durfte nicht wissen, dass er nicht Eigentümer geworden ist und er durfte es auch grob fahrlässig nicht wissen. Zudem dufte er auch nicht nachträglich, innerhalb der zehnjährigen Frist, bösgläubig sein[539]. Dazu argumentiert Hipp: „Durch Ersitzung gemäß § 937 BGB erwirbt der Käufer eines abhandengekommenen Kulturgutes nach Ablauf von zehn Jahren Eigentum, wenn er den Gegenstand solange gutgläubig in Eigenbesitz gehabt hat. Der gute Glaube muss sich nicht, wie bei den §§ 932 ff BGB, auf das Eigentum des Veräußerers beziehen, sondern darauf, dass der Erwerber sich für den Eigentümer hält. Während des Laufs der zehnjährigen Frist schadet gemäß § 937 Abs. 2 Alt. 2 BGB nur die positive Kenntnis vom fehlenden Eigentum."[540] Die Ersitzung ist nach § 937 Abs. 2 BGB nämlich ausgeschlossen, wenn der Eigenbesitzer bösgläubig ist. Demzufolge ist die Gutgläubigkeit von Gurlitt hinsichtlich seiner Eigentümerstellung an den zuvor unrechtmäßig entzogenen und abhandengekommenen Kulturgütern zu untersuchen[541]. Geschützt wird hier der Glaube des Gurlitt an das eigene Recht an dem erworbenen Kunstwerk, „sodass sich der gute Glaube auf die eigene Eigentümerstellung beziehen muss."[542] Der Ersitzende, hier Gurlitt, muss während der gesamten zehnjährigen Ersitzungszeit davon überzeugt sein, er selbst sei Eigentümer des sich in seinem Besitz befindlichen Kunstwerkes. Der gute Glaube bezieht sich aber nicht auf die Eigentümerstellung des Rechtsvorgängers an dem Kulturgut (des Veräußerers)[543]. Der Gesetzeswortlaut

---

537 alter Fassung; der heutige § 206 BGB sieht demgegenüber eine Hemmung der Verjährung bei höherer Gewalt vor
538 vgl. Kunze S. 229 f
539 vgl. Bergmann im Vortrag „Der Fall Gurlitt – Die Verjährung der Vindikation" http://www.fernuni-hagen.de/videostreaming/rewi/vortraege/20140710.shtml zuletzt aufgerufen am 24.04.2015
540 Hipp S. 160
541 vgl. Anton II S. 743
542 Anton II S. 743
543 vgl. ebd.

des § 937 Abs. 2 BGB stellt zu Beginn der Ersitzung an den guten Glauben strengere Anforderungen als während der laufenden Ersitzungszeit: „So darf nämlich im Zeitpunkt des Besitzerwerbs dem Ersitzenden weder bekannt noch infolge grober Fahrlässigkeit unbekannt sein, dass er das Eigentum nicht erwirbt"[544]. Gurlitt wäre demnach laut Anton bösgläubig gewesen, wenn er bei Besitzerwerb das „Fehlen der eigenen Rechtsstellung als Eigentumserwerber oder Eigentümer"[545] kannte oder grob fahrlässig nicht gekannt hat. Anhand der Sorgfaltsanforderungen im Rahmen des § 937 Abs. 2 BGB durfte Gurlitt „zum Zeitpunkt des Besitzerwerbs weder Kenntnis noch grobfahrlässige Unkenntnis von seiner fehlenden Eigentümerstellung haben"[546] bzw. zu einem späteren Zeitpunkt von seiner Nichtberechtigung erfahren, sonst würde sein guter Glaube entfallen[547]. Anton nennt zugleich die Hürden bei der Beweislastverteilung: „[D]em Ersitzungsgegner obliegt es, den bösen Glauben nachzuweisen. Nachträglich eingetretene Gutgläubigkeit muss der Erwerber beweisen."[548] Bei der Bestimmung der Gutgläubigkeit des Ersitzenden hinsichtlich der eigenen Eigentümerstellung nach § 932 Abs. 2 BGB (vgl. hierzu § 937 Abs. 2 BGB) stellt sich die Frage, inwieweit dem Ersitzenden unrechtmäßig entzogener Kulturgüter Nachforschungs- und Verifizierungsbemühungen hinsichtlich seiner Rechtsstellung zuzumuten sind[549]. Kunze bezeichnet sie lieber als „Obliegenheit[en] zu Erkundigungen und Nachforschungen."[550] „Die Systematik des Gesetzes, die gemäß § 932 Abs. 2 BGB von der Abwesenheit der Bösgläubigkeit ausgeht, verpflichtet den Erwerber zunächst nicht dazu, Nachforschungen über die Eigentumsverhältnisse anzustellen[...]"[551], so Kunze. „Auf den durch Besitz und Disposition geschaffenen Rechtsschein darf er vertrauen. Da sich Bösgläubigkeit jedoch schon auf eine vorwerfbar unsorgfältige Beurteilung der Eigentumslage stützen kann, ist näher zu bestimmen, wann eine sorgfältige Beurteilung geboten ist und welche Aspekte in die Beurteilung einfließen müssen."[552]

Die Rechtsprechung hat eine Nachforschungsobliegenheit innerhalb des Kulturgüterverkehrs für professionell am Kunsthandel beteiligte Kunsthändler in späteren Entscheidungen bejaht[553]. Hartung stellt diesbezüglich klar, „dass es für

---

544   ebd.
545   ebd.
546   Anton II S. 743
547   vgl. Anton II S. 743 f; nach Beginn der Ersitzung entfällt der gute Glaube an die eigene Eigentumsposition an dem Kulturgut nur bei positiver Kenntnis des Nichtrechts
548   ebd. S. 744
549   vgl. Anton II S. 745
550   Kunze S. 171
551   ebd.
552   ebd.
553   vgl. Anton II S. 745, Müller-Katzenburg S. 320 ff

die Frage einer möglichen Bösgläubigkeit des Erwerbers auf seinen persönlichen Kenntnisstand zum Zeitpunkt der Vornahme des Rechtsgeschäfts"[554] ankommt. „Zur Ausfüllung der gesetzlichen Tatbestände [...] ist [...] auf die äußeren Umstände zum Zeitpunkt des Erwerbs abzustellen"[555]. Hartung bejaht die Bösgläubigkeit folgerichtig bei sogenannten „Judenauktionen", da diesen „schon der Bezeichnung nach zutreffenden verkehrstypischen Gefahrensituationen zuzurechnen"[556] seien. Die Bieter wussten, von wem die Gegenstände stammten und waren in der Regel als bösgläubig anzusehen[557]. Dies bejaht Hartung auch für die Einkäufer für deutsche Museen in Paris, die sich, wie Gurlitt, der zwischen Sommer 1941 und Juni 1944 etwa zehnmal in Paris einkaufte[558], auch im Zentraldepot (Hartung spricht von „Raubsammelstelle") „Jeu de Paume" bedienten. Diese wussten genau, „dass die zum Verkauf anstehenden Exponate nicht originär im deutschen Eigenbesitz[559] standen"[560], sondern von französischen Juden beschlagnahmt worden waren. Hartung sieht hohe Anforderungen an die Gutgläubigkeit, gerade bei Experten wie Kunsthändlern gestellt[561], welche „die Frage der Gutgläubigkeit mit steigender Professionalität und Erfahrung zu Lasten des Betroffenen berücksichtig[en]"[562], denn „[b]ei Ankäufen von Kulturgütern in kriegerisch besetzten Gebieten muss sich jedem unbefangenen Erwerber die Vermutung aufdrängen, dass möglicherweise die vorhergehenden Besitzwechsel auf nicht freiwilliger Basis erfolgten. In jedem Fall, in welchem dem Erwerber mitgeteilt wurde, dass das Exponat aus jüdischem Privatbesitz stammt, durfte der Erwerber von vornherein ohne weitere Nachforschungen nicht davon ausgehen, dass der vorhergehende Besitzwechsel freiwillig war und daher sein Erwerb zweifelsfrei ordnungsgemäß erfolgen konnte."[563] Ausgehend von § 932 Abs. 2 BGB ist nicht in gutem Glauben, wer das fehlende Eigentum des Veräußerers kannte oder grob fahrlässig nicht kannte[564]. Berufsspezifische oder gruppenspezifische Fähigkeiten verschärfen die an die Sorgfalt des Erwerbers zu stellenden Anforderungen. Wie schon Hartung, stellt auch Rudolph an Kunsthändler ein hohes Maß an Sorgfalt[565]. Sie schlussfolgert: „Sind dem Erwerber, ohne dass hierfür eine besonders hohe Aufmerksamkeit erforderlich war, Um-

---

554 Hartung S. 280
555 ebd.
556 ebd.
557 vgl. ebd.
558 vgl. Koldehoff S. 31
559 besser: Eigentum
560 Hartung S. 280
561 vgl. Hartung S. 285 f und Rudolph S. 194 f
562 Hartung S. 286
563 ebd. S. 303
564 vgl. Rudolph S. 193
565 vgl. ebd. S. 195

stände erkennbar gewesen, die dafür sprechen, dass der Veräußerer nicht der Eigentümer war, verschärfen sich die an ihn zu stellenden Sorgfaltsanforderungen: Er muss Erkundigungen einziehen und Nachforschungen anstellen, um die bestehenden Zweifel am Eigentum des Veräußerers auszuräumen."[566] Unterlässt der Erwerber „die geeigneten Nachforschungen und besteht die Verdachtssituation fort, so begründet gerade dies seine Bösgläubigkeit."[567]

Gurlitt hätte seine Erkundigungsobliegenheiten verletzt, wenn er keine Nachforschungen trotz der offensichtlich generell verdächtigen Erwerbssituationen im „Jeu de Paume", bei „denen ohne jedes weitere Verdachtsmoment von einem Auseinanderfallen von Besitz und Eigentum an den zu erwerbenden Sachen gerechnet werden"[568] konnte, angestellt hat. Geeignete Handlungen Gurlitts zur Erfüllung seiner Obliegenheiten sind nicht ersichtlich, denn Gurlitt wusste bzw. musste ja schon beim Kauf davon ausgehen, dass die Werke ihren Eigentümern abhandenkamen und war damit beim Erwerb schon bösgläubig.

Für die Bösgläubigkeit Gurlitts sprechen die nachfolgenden Umstände: Als promovierten Kunsthistoriker und Kunsthändler mit langjähriger Berufserfahrung war Gurlitt ein gewisser Expertenstatus und Reputation auf diesem Gebiet zuzusprechen gewesen, welcher sehr hohe Anforderungen an dessen Gutgläubigkeit stellte. Gurlitt wurde von den Nationalsozialisten aufgrund seines Expertenstatus und seiner guten Kontakte verpflichtet und wickelte die Einkäufe auch direkt vor Ort ab. So reiste er etwa zehnmal alleine nach Paris und war als akkreditierter Ankäufer in Paris für das geplante „Führermuseum"[569] in die Aufkäufe direkt involviert[570]. Er musste wissen, dass die Signaturen, mit denen der ERR Kunstwerke versehen hatte, für jüdische Sammlungen standen, die im besetzten Frankreich beschlagnahmt worden waren[571]. Zudem gehörte er zur verfolgten Personengruppe der Juden, hatte selber die Radikalisierungs- und Verfolgungsphasen in Deutschland erlebt. Er musste wissen, dass die Juden Deutschland nicht freiwillig verließen und gegen ihren Willen ihr Eigentum, insbesondere Kunstwerke, nicht mitnahmen. Auch die Umstände der Aufkäufe, z.B. in Paris, im Zentraldepot „Jeu de Paume", wo die Werke u.a. mit der Aufschrift „ERR"

---

566 ebd.
567 ebd.
568 Hartung S. 282
569 vgl. Finkenauer S. 479
570 So auch Gilbert Lupfer von der Staatlichen Kunstsammlung Dresden: „Was man dann eigentlich nicht mehr entschuldigen kann, ist sein (Anm.: Gurlitts) Agieren als Aufkäufer für den „Sonderauftrag Linz". Da war es ganz eindeutig, um was es ging. Da bestanden keine Skrupel, aus enteigneten jüdischen Sammlungen zu kaufen. Die ganzen Leute, die für den Sonderauftrag tätig waren, hatten einfach keine moralischen Skrupel offensichtlich, sich die Kunstwerke irgendwo herzuholen." http://www.deutschlandradiokultur.de/raubkunst-die-spur-fuehrt-nach-dresden.1001.de.html?dram:article_id=277194 zuletzt aufgerufen am 20.07.2015
571 vgl. Rudolph S. 225

markiert worden waren, sprechen gegen die Gutgläubigkeit Gurlitts. Es ist sehr wahrscheinlich, dass er über seine Kontakte, u.a. in die Schweiz, Kenntnis von der Londoner Erklärung vom 05. Januar 1943 erhielt, welche Rechtsgeschäfte in den von Deutschland besetzten Gebieten für nichtig erklären konnte. Anton kommt zu dem Schluss, dass die Londoner Erklärung zumindest „indirekt [...] bei ausreichender Publizität auch gegenüber Privatpersonen auf deren Gutgläubigkeit im Rahmen der Veräußerung völkerrechtswidrig entzogener und damit auch zivilrechtlich (i.S.d. Terminologie des deutschen *BGB*) abhandengekommener Kulturgüter auswirken konnte."[572] Seine Beteuerung nach dem Krieg, er habe die Werke gerettet, erscheint vorgeschoben. Vielmehr nutzte Gurlitt die Chance zur Erwerbung für sich zu einem billigen Preis[573].

Zudem log Gurlitt bei der Vernehmung durch die Amerikaner 1945 über die Erwerbsumstände, indem er die Erwerbungen vor 1933 datierte bzw. als langjährigen Familienbesitz deklarierte. Er gab an, keines der Bilder stamme aus jüdischem Besitz oder dem Ausland, was gelogen war[574]. Oder er behauptete, dass die Bilder verbrannt seien. Auch die Beschlagnahme durch die Amerikaner 1945 und teilweise Restitution der Bilder mussten für Gurlitt zumindest eine Ersitzung gemäß § 937 Abs. 2 Alt. 2 BGB verwehren. Koldehoff führt den interessanten Umstand auf, dass bei Cornelius Gurlitt 2012 etwa die zehnfache Menge an Werken beschlagnahmt wurde, als 1950 an Hildebrand Gurlitt wieder ausgehändigt worden waren[575].

Dagegen benennt Koldehoff auch Anhaltspunkte, die gegen ein Bösgläubigkeit Gurlitts bzw. gegen eine spätere Kenntnisnahme, dass ihm das Eigentum nicht zusteht (§ 937 II BGB), sprechen. So habe Gurlitt einen Großteil „seiner" Werke 1950 von den Amerikanern zurückerhalten[576]. Auch waren Werke tatsächlich bei Bombenangriffen zerstört worden[577]. 1948 war er zudem von der Spruchkammer Bamberg-Land offiziell als unbelastet eingestuft worden[578] und kurz nach der Wiedergabe hatte er schon Werke aus „seiner" Privatsammlung an Museen verliehen, 1956 war er offizieller Leihgeber einer Ausstellung durch die

---

572   Anton I S. 505, Schreibweise im Original
573   vgl. Spiegel-Dokumentation „Entartet! Die Nazis und die Kunst"
574   vgl. Koldehoff S. 35; so sollen sich auch Werke aus der jüdischen Sammlung des Fritz Salo Glaser bei den beschlagnahmten Werken befunden haben
       vgl. hierzu: http://www.tagesspiegel.de/kultur/gurlitt-die-sammlung-glaser-der-weg-der-bilder/9119270.html zuletzt aufgerufen am 01.08.2015
575   vgl. Koldehoff S. 48
576   Diese waren aber hauptsächlich an der Restitution der im Ausland erworbenen Werke interessiert (vgl. Koldehoff S. 37).
577   vgl. Koldehoff S. 270
578   vgl. ebd. S. 37

USA[579]. Dieses Verhalten deutet zumindest auf keinen Menschen, welcher Restitutionsforderungen befürchten muss.

In Abwägung der vorgebrachten Argumente stützt der Autor die These von der Bösgläubigkeit Hildebrand Gurlitts beim Erwerb. Dafür sprechen nach der hier vertretenen Ansicht die hohe Fachkompetenz und die weitreichenden Einblicke in die Geschäftsabläufe durch Gurlitt selber, sowie die äußeren Verkaufsumstände, z.b. in Paris, bei denen Gurlitt als direkter Beteiligter zugegen war. Gurlitt kannte die Methoden seiner Auftraggeber, der beteiligten Stellen und kannte die Empfänger. Eine Ersitzung scheitert nach der hier vertretenen Meinung schon an der fehlenden Gutgläubigkeit Hildebrand Gurlitts (§ 937 Abs. 2 Alt. 1 BGB).

Es bleibt aber trotzdem festzuhalten: Der Besitzer muss nur den Eigenbesitz und die zehnjährige Besitzzeit nachweisen, wobei ihm § 938 BGB zugutekommt. Der Eigentümer trägt die Beweislast der Bösgläubigkeit des Besitzers. Hierbei kommen ihm aufgrund der Unikatfunktion von Kunstwerken die Nachforschungsobliegenheiten des Käufers zugute[580].

Wird von einer Bösgläubigkeit Gurlitts beim Erwerb weiterhin ausgegangen, so ist zu prüfen, ob dessen Ehefrau bzw. Kinder die Werke durch Rechtsnachfolge ersitzen konnten. Bei einer unterstellten Gutgläubigkeit Hildebrand Gurlitts wäre die Ersitzungszeit Gurlitts zugunsten seiner Erben verstrichen (§ 943 BGB).

Bei der unterstellten Bösgläubigkeit Gurlitts wiederum gilt der Erbe als bösgläubig, wenn der Erblasser es war. Er muss sich die Bösgläubigkeit des Verstorbenen anrechnen lassen[581]. Die Bösgläubigkeit wird vererbt[582]. Der Erbe erhält den Besitz „mit der Prägung, die er durch den Erblasser hatte"[583] (§§ 943 i.V.m. 857 BGB)[584]. Rechtsnachfolge „im Sinne der Vorschrift des § 943 *BGB* meint grundsätzlich Besitzübergang und liegt vor, wenn der neue Besitzer seinen Besitz von dem früheren ableiten kann."[585] Das ist laut Anton dann der Fall, „wenn der neue Besitzer kraft Erbenstellung nach § 857 BGB oder aufgrund einer Einigung nach § 854 Abs. 2 *BGB* mit dem bisherigen Besitzer den Besitz

---

579 vgl. ebd. S. 39
580 vgl. Hartung S. 281
581 vgl. Martiny in https://www.rewi.europa-uni.de/de/lehrstuhl/br/intrecht/ehem_LS-Inhaber/lehre/materialien/WS_06_07/ERSITZ.rtf. zuletzt aufgerufen am 30.05.2015 und Schnabel und Tatzkow S. 47
582 vgl. Oehmke in Koldehoff/Oehmke/Stecker S. 68
583 Martiny in https://www.rewi.europa-uni.de/de/lehrstuhl/br/intrecht/ehem_LS-Inhaber/lehre/materialien/WS_06_07/ERSITZ.rtf. zuletzt aufgerufen am 30.05.2015
584 vgl. auch Hartung S. 306 f und Anton II S. 752 ff
585 Anton II S. 751; Schreibweise im Original

erhält."[586] Erlangt also der Erbe in der Folge „selbst die tatsächliche Sachherrschaft über das unrechtmäßig entzogene Kulturgut i.S.d. § 854 *BGB*, wird seine
Gutgläubigkeit von diesem Zeitpunkt an bestimmt und es beginnt bei Gutgläubigkeit der Lauf der Ersitzungszeit."[587]

Eine überwiegend vertretene Gegenansicht sieht hier eine Sonderstellung in
der Ersitzung durch den gutgläubigen Erben eines bösgläubigen Erblassers, denn
für diesen beginnt eine eigene neue Ersitzung unter den Voraussetzungen des
§ 937 BGB[588]. Hierbei handele es sich nach Bergmann um „eines der schwierigs-
ten und ungeklärtesten Probleme des deutschen Ersitzungsrechts"[589], wobei aber
die Sorgfaltsobliegenheiten des Erben wesentlich gelockerter zu betrachten seien
als beim Erblasser[590]. Auch Hartung schlussfolgert, dass zu einer sachgerechten
Problemlösung der § 937 II BGB isoliert bewertet werden müsse und sich die
Frage stelle, „ob der neue Besitzer vom Beginn des Erbfalls an [...] Anhaltspunkte für einen fehlerhaften Besitz seines Erblassers hatte."[591] Demnach stellt
sich die „Frage des guten Glaubens des Erben an die Legitimität seines Eigenbesitzes bei Annahme seiner Erbschaft."[592]

Auch Hartung sieht bei der Annahme von Nachforschungsobliegenheiten
besondere Zurückhaltung geboten[593]. Da aber Gurlitts Witwe, Helene Gurlitt,
1957 log, indem sie öffentlich auf Nachfrage behauptete, die gesamte Sammlung
ihres Mannes sei 1945 beim Dresdner Bombenangriff verbrannt[594], kann ihre
Gutgläubigkeit bei Annahme der Erbschaft angezweifelt werden[595]. Denn auch
Helene Gurlitt wurde in den Unterlagen als Besitzerin geführt, somit sollte auch
deren mögliche Ersitzung hinterfragt werden[596]. Helene Gurlitt konnte sich auch
nicht auf mangelnde (kunst-)geschichtliche Kenntnisse berufen[597], denn immer-

---

586   ebd.; Schreibweise im Original
587   ebd. S. 759; Schreibweise im Original
588   vgl. Hartung S. 306 f und Anton II S. 755 ff
589   Bergmann im Vortrag „Der Fall Gurlitt – Die Verjährung der Vindikation" http://www.fernuni-
       hagen.de/videostreaming/rewi/vortraege/20140710.shtml zuletzt aufgerufen am 30.05.2015
590   vgl. ebd.
591   Hartung S. 307
592   ebd.
593   vgl. Hartung S. 307
594   vgl. Koldehoff S. 270, Raue S. 4; zudem soll sie in den 1960er Jahren gegenüber der Wieder-
       gutmachungsstelle Berlin dieselbe Aussage getroffen haben, als man sie nach dem Verbleib ei-
       ner   Spitzweg-Zeichnung   fragte   (vgl.   http://www.welt.de/kultur/kunst-und-architektur/
       article121980701/Welche-Rechte-hat-Cornelius-Gurlitt.html   zuletzt   aufgerufen   am
       20.07.2015)
595   vgl. Lange und Oehler S. 87 f
596   z.B. in den Katalog des Auktionshauses Lempertz, hier ist Gurlitts Witwe 1967 als Besitzerin
       des „Löwenbändigers" von Max Beckmann aufgeführt
597   vgl. Hartung S. 308

hin war sie ja Geschäftsführerin von Gurlitts Kunsthandel gewesen[598]. Auch hier schließt sich der Autor den Argumenten an, die für die Bösgläubigkeit von Helene Gurlitt votieren, verweist aber wiederum auf die Beweislast beim Eigentümer[599]. Eine Ersitzung durch die Witwe, welche 1968 verstarb, war demzufolge nicht möglich.

Auch für Gurlitts Sohn Cornelius stellt sich die Frage, ob dieser als gutgläubiger Erbe des bösgläubigen Besitzers unrechtmäßig entzogener Kulturgüter entsprechend §§ 937 i.V.m. 943 BGB das Eigentum an diesen ersitzen konnte. Entsprechend ist wiederum die Gutgläubigkeit des Cornelius Gurlitt zu prüfen. Koldehoff spricht sich dafür aus, indem er bezweifelt, dass man Hildebrand Gurlitts Lügen gegenüber den Amerikanern 1945 den damals zwölfjährigen Sohn anlasten könne. So sei Cornelius Gurlitt mit den besagten Bildern im Haushalt aufgewachsen. Sie begleiteten ihn ein Leben lang. Wieso sollte der Sohn an der Legitimität des Eigenbesitzes seines Vaters bzw. seiner Mutter zweifeln? Dagegen spricht, dass die Mutter ja 1957 erklärte, dass alle Bilder verbrannt seien. Dem damals erwachsenen Sohn mussten hier Zweifel an der Legitimität gekommen seien[600]. Auch konnte sich der Sohn nicht auf mangelnde (kunst-)geschichtliche Kenntnisse berufen. So studierte er Kunstgeschichte an der Universität zu Köln, was er allerdings nicht beendete und arbeitete im Restaurierungsatelier des Düsseldorfer Kunstmuseums, wo er zum Gemälderestaurator ausgebildet wurde[601]. Zudem hielt Cornelius Gurlitt seine Sammlung verborgen und noch 2011 einigte er sich mit den Flechtheim-Erben auf eine Teilung des Verkaufserlöses von Max Beckmanns „Löwenbändiger". Der Autor vertritt die Ansicht, dass Cornelius Gurlitt spätestens 1957, als dessen Mutter über den Verbleib der Bilder log, klar sein musste, dass mit der Provenienz der Bilder etwas nicht stimmen konnte. Hier stellt sich wieder die Frage nach den Nachforschungsobliegenheiten von Cornelius Gurlitt. Schwerwiegender werden hier aber seine (kunst-)geschichtlichen Kenntnisse durch seine Ausbildung und sein Studium erachtet, sodass nach Ansicht des Autors auch der Sohn bösgläubig gewesen ist. Für Cornelius Gurlitts Ersitzungsbeginn kommen zwei mögliche Varianten infrage: 1956, nach dem Tod des Vaters, oder 1968, nach dem Tod der Mut-

---

598 gegen Helene Gurlitts Bösgläubigkeit argumentiert Koldehoff (vgl. Koldehoff S. 270 f)

599 Dem widerspricht Anton, indem er schlussfolgert: Aufgrund der Annahme einer Provenienzerforschungsobliegenheit gegenüber kulturellen Wertgegenständen und der Notwendigkeit von Verifizierungsanstrengungen hinsichtlich der eigenen Eigentümerstellung besteht jedoch keine Vermutung der Gutgläubigkeit und der Eigenbesitzer muss seine Gutgläubigkeit hinsichtlich der eigenen Rechtsposition somit nachweisen. (Anton II S. 759)

600 vgl. Raue S. 4 und http://www.welt.de/kultur/kunst-und-architektur/article121980701/Welche-Rechte-hat-Cornelius-Gurlitt.html zuletzt aufgerufen am 20.07.2015

601 vgl. Der Spiegel 47/2013 vom 18. November 2013 S. 118 ff

ter[602]. Der Autor hält den späteren Termin für wahrscheinlicher: So war Gurlitts Witwe noch 1967, ein Jahr vor ihrem Tod, als Besitzerin des „Löwenbändigers" von Max Beckmann im Katalog des Auktionshauses Lempertz aufgeführt[603]. Auch wurde sie 1957 nach dem Verbleib der Bilder gefragt. Erst nach ihrem Tod wurden die Bilder unter den Kindern, Cornelius Gurlitt und dessen Schwester, die nach Baden-Württemberg zog und einen Teil der Bilder mitnahm, aufgeteilt[604]. Es sprechen demnach viele Anhaltspunkte dafür, dass sich die Bilder bis 1968 im Eigenbesitz der Mutter befanden und der Eigenbesitz des Cornelius Gurlitt erst 1968, nach dem Tod der Mutter, begann. Beim späteren Zeitpunkt des Beginns des Eigenbesitzes durch Cornelius Gurlitt sind nach Ansicht des Autors wiederum höhere Maßstäbe an dessen Nachforschungsobliegenheiten zu stellen, mussten ihm doch die zahlreichen Rückerstattungsmaßnahmen der Alliierten bzw. der Bundesrepublik bekannt gewesen seien. Der Autor sieht aber die Anhaltspunkte für die Bösgläubigkeit[605] des Cornelius Gurlitts seit spätestens 1957 schwerwiegender.

Im Ergebnis bleibt festzustellen, dass eine Ersitzung durch die Witwe und den Sohn[606] Hildebrand Gurlitts nach § 937 Abs. 2 BGB an deren Bösgläubigkeit bei deren Ersitzungsbeginn 1956 bzw. 1968 scheitert. Cornelius Gurlitt konnte somit nachträglich kein Eigentum an den Werken erwerben.

Rudolph geht übrigens so weit, dass sie schlussfolgert, dass durch die Regelungen des Überleitungsvertrages und der späteren Vereinbarung vom 27./28. September 1990 die den gutgläubigen Erwerb ausschließenden Regelungen der Rückerstattungsgesetze den gutgläubigen Erwerb entzogener Vermögensgegenstände vollumfänglich ausschlossen, ab 1990 sogar ohne zeitliche Befristung[607].

---

602 vgl. Koldehoff S. 42
603 vgl. Koldehoff S. 45, vgl. auch Provenienzbericht der TASKFORCE „Schwabinger Kunst-
     fund" zu Max Liebermann „Reiter am Strand" S. 16 http://www.taskforce-
     kunstfund.de/fileadmin/_downloads/TFK_2014-07-25_Schlussbericht_Liebermann_Reiter_am
     _Stand.pdf zuletzt aufgerufen am 01.08.2015
604 vgl. Koldehoff S. 40; Lange und Oehler sprechen davon, dass Cornelius Gurlitt 1967 (gemeint
     ist wohl 1968) Alleinerbe wurde (vgl. Lange und Oehler S. 88).
605 Der Anwalt Hans-Jörg Zehle geht hier sogar weiter: Er bejaht im Fall Gurlitt sogar den Nach-
     weis einer Bösgläubigkeit, da sich die Werke fast 70 Jahre lang in den Händen einer einzigen
     Familie befunden hätten. Oftmals sei es bei solchen Kunstwerken zu häufigen Besitzerwech-
     seln gekommen, sodass der Nachweis der Bösgläubigkeit fast unmöglich sei.
     (http://www.deutschlandfunk.de/kunstfund-der-fall-gurlitt-und-die-folgen.724.de.html?dram:
     article_id=277429 zuletzt aufgerufen am 01.08.2015).
606 Eine mögliche Ersitzung der Tochter bleibt hier außen vor.
607 vgl. Rudolph S. 251 f

5.4 Problematik der Verjährung

Die bundesdeutschen Rückerstattungsgesetzte besitzen zwar noch ihre Gültigkeit, aber aufgrund der restriktiven Anmeldefristen, welche längst abgelaufen sind, können hier keine Ansprüche mehr angemeldet werden[608]. Auch die alliierten Rückerstattungsgesetze, welche heute ebenfalls zur Umsetzung der Washingtoner Prinzipien durch die „Gemeinsame Erklärung" und Handreichung herangezogen werden, beinhalten restriktive Anmeldefristen[609] und können nicht mehr als Anspruchsgrundlage herangezogen werden[610]. Das VermG (was hier nicht als Anspruchsgrundlage betrachtet wird) beinhaltet eine Anmeldefrist bis zum 30. Juni 1993. Hier sind aber die Globalanmeldungen der JCC als Ausnahme zu sehen, die auch heute noch nach dem VermG Ansprüche begründen können[611]. Demzufolge bleiben den Betroffenen die Möglichkeiten des Zivilrechts - in der vorliegenden Arbeit können keine möglichen Ansprüche aus anderen deutschen Rechtsquellen berücksichtigt werden[612], - um Ansprüche in Deutschland durchzusetzen. Dabei wurden zivilrechtliche Rückerstattungsansprüche, neben den Rückerstattungsgesetzen, durch die Rechtsprechung der Vergangenheit verneint[613]. Eine gegenteilige Auffassung vertraten z.B. Rudolph und Hartung[614]. Die Wende brachte erst ein Urteil des Bundesgerichtshofes vom 16. März 2012[615]. Demnach stehen die Rückerstattungsgesetze dem Vindikationsanspruch

---

608   vgl. Koldehoff S. 112, Hartung S. 168 f und Anton I S. 708 f, 749 f (am Bsp. „Kirchners Straßenszene")

609   vgl. Bergmann im Vortrag „Der Fall Gurlitt – Die Verjährung der Vindikation" http://www.fernuni-hagen.de/videostreaming/rewi/vortraege/20140710.shtml zuletzt aufgerufen am 24.04.2015

610   vgl. Finkenauer S. 480 f; Rudolf schränkt dies allerdings z.B. für Kunstwerke aus ehemals jüdischem Besitz, die in der Zeit vom 17. Mai 1940 bis zum 08. Mai 1945 im besetzten Frankreich durch Beschlagnahme deutscher Dienststellen oder Zwangsverkauf ihres Eigentümers entzogen worden sind, ein (vgl. Rudolph S. 243 f).

611   vgl. Anton I S. 723; Hartung benennt auch noch die Globalanmeldungen der JRSO für die westlichen Besatzungszonen. Auf ihrer Grundlage seien Restitutionen auch noch heute durchführbar (vgl. Hartung S. 173); vgl. dagegen auch Wasmuth S. 752

612   Bergmann regt z.b. eine Prüfung der Beschlagnahme durch die Staatsanwaltschaft an (§ 108 StPO – Beschlagnahme bei Zufallsfunden bzw. § 111 StPO - Rückgewinnungshilfe und § 111 k StPO) vgl. Bergmann im Vortrag „Der Fall Gurlitt – Die Verjährung der Vindikation" http://www.fernuni-hagen.de/videostreaming/rewi/vortraege/20140710.shtml zuletzt aufgerufen am 24.04.2015

613   vgl. Bergmann im Vortrag „Der Fall Gurlitt – Die Verjährung der Vindikation" http://www.fernuni-hagen.de/videostreaming/rewi/vortraege/20140710.shtml zuletzt aufgerufen am 24.04.2015 und Hartung S. 166 f

614   vgl. Rudolph S. 94 ff und Hartung S. 169

615   vgl. Bergmann im Vortrag „Der Fall Gurlitt – Die Verjährung der Vindikation" http://www.fernuni-hagen.de/videostreaming/rewi/vortraege/20140710.shtml zuletzt aufgerufen am 24.04.2015

des Eigentümers dann nicht entgegen, wenn der Verbleib der Sache während des Anmeldezeitraumes (31. Dezember 1948) nicht bekannt gewesen ist[616]. Trotzdem sehen sich mögliche Anspruchsteller, welche sich auf zivilrechtliche Rückerstattungsansprüche berufen, dann oftmals mit der Einrede der Verjährung konfrontiert. Deshalb ist sich mit dem Rechtsinstitut der Verjährung näher auseinanderzusetzen.

Kunstwerke sind als Kulturgüter dem Sachenrecht des Bürgerlichen Gesetzbuches zuzuordnen[617]. Ausnahmen bilden besonders schützenswerte Kulturgüter, welche durch das Gesetz zum Schutz deutschen Kulturgutes gegen Abwanderung (KultgSchG) einen besonderen Schutz erfahren. Sie werden in jedem Bundesland in einem besonderen Verzeichnis erfasst (§ 1 Abs. 1 KultgSchG). Dieser besondere Schutz ist bei den infrage kommenden Kunstwerken, soweit bekannt, zu verneinen[618]. Die Verjährung dient gemäß Birr vorrangig der Rechtssicherheit im Interesse der Allgemeinheit[619]. Der Vindikationsanspruch des Eigentümers einer beweglichen Sache gegen deren nichtberechtigten Besitzer aus § 985 BGB verjährt in 30 Jahren (§ 197 Abs. 1 Nr. 2 BGB)[620], da Herausgabeansprüche aus Eigentum oder sonstigen dinglichen Rechten der speziellen Verjährungsregelung des § 197 Abs. 1 Nr. 2 BGB unterworfen sind, die eine 30-jährige Frist festlegt[621]. Die Verjährungsfrist kultureller Restitutionsansprüche nach § 197 Abs. 1 Nr. 2 BGB beruht auf der fortbestehenden Eigentumsposition des Restitutionsgläubigers[622]. Bei einer Rechtsnachfolge, z.b. durch Erbschaft auf Seiten des Besitzers, wird dem Rechtsnachfolger die Besitzzeit des Rechtsvorgängers verjährungsrechtlich zugutegehalten (§ 198 BGB). Nach Ablauf der Verjährungsfrist hat der Besitzer (Schuldner), oder sein Erbe[623], gemäß § 214 Abs. 1 BGB ein dauerhaftes Leistungsverweigerungsrecht[624]. Er kann die Herausgabe an den Eigentümer unter Berufung auf den Eintritt der Verjährung verweigern[625]. Die materiell-rechtliche Einrede der Verjährung muss aber vom Schuldner wirksam erhoben werden[626], sie wird nicht von Amts wegen berück-

---

616 ebd.
617 vgl. Hartung S. 261, 319 und Kunze S. 101
618 ebd. S. 267
619 vgl. Birr S. 135
620 vgl. Birr S. 136; dort wird noch der § 197 Abs. 1 Nr. 1 BGB angeführt, also vor der neuen Fassung aufgrund des Gesetzes zur Stärkung der Rechte von Opfern sexuellen Missbrauchs (StORMG) vom 26.06.2013
621 vgl. Anton II S. 825
622 ebd. S. 827
623 vgl. Hipp S. 160
624 vgl. Birr S. 97
625 vgl. Rudolph S. 279
626 vgl. Birr S. 97

sichtigt[627]. Die Erhebung der Einrede der Verjährung hat demnach zur Folge, dass eine Klage als unbegründet abzuweisen wäre. Der Herausgabeanspruch nach § 985 BGB kann damit nicht mehr durchgesetzt werden[628]. Bei eingetretener Verjährung des Herausgabeanspruches behält der bisherige Eigentümer paradoxerweise Eigentum an seiner Sache, kann es aber gegenüber dem Besitzer nicht herausverlangen[629]. Anton beschreibt dies als Ausschluss der Geltendmachung einer bestehenden Rechtsposition auf Seiten des (ursprünglichen) kulturellen Eigentümers gegenüber dem aktuellen Besitzer („Extinctivverjährung")[630], ein grundsätzlich bestehendes Recht wird damit hinfällig bzw. undurchsetzbar (sogenannte erlöschende Verjährung).[631]. Rudolph betrachtet den Kern: „Der Schwerpunkt der Verjährung liegt nämlich darin, dass dem in Anspruch genommenen Gegner ein Schutzmittel gegeben wird, sich gegen voraussichtlich unberechtigte Ansprüche, ohne ein Eingehen auf die Sache zu verteidigen."[632] Die Verjährungsfrist beginnt mit der Anspruchsentstehung (§ 200 BGB), also mit dem Besitzverlust und zwar unabhängig von der Kenntnisnahme des Eigentümers[633]. Hartung gibt außerdem zu bedenken, dass Ansprüche aus dieser Zeit nach altem Recht betrachtet werden müssen, also vor der Erneuerung des Verjährungsrechts seit dem 01. Januar 2002. Nach § 198 I BGB alter Fassung begann die Verjährung am Ende des Jahres der Entstehung des Anspruchs, demnach zum Zeitpunkt der Wegnahme, zu laufen[634]. Er stellt fest: „Nach altem Recht hat also der Lauf der Verjährung bereits zum Zeitpunkt der den Anspruch begründenden widerrechtlichen Handlung, so der Wegnahme im besetzten Gebiet etc. (je nach Fallgestaltung zwischen 1933 bis 1948) begonnen. Das neue Verjährungsrecht kann mit dem in § 199 BGB vorgesehenen subjektiven Ansatz daher schon gar nicht mehr greifen."[635]

Der Verjährungseinwand des Schuldners kann aber unzulässig sein, wenn er z.B. durch sein Verhalten den Gläubiger von einer rechtzeitigen Herausgabeklage abgehalten hat[636]. So kann der Schuldner durch den Einwand der unzulässigen Rechtsausübung (§ 242 BGB) an der Erhebung der Verjährungseinrede gehindert werden[637]. Um diese Problematik zu umgehen, haben sich die öffentlichen Trä-

---

627   vgl. Schnabel und Tatzkow S. 48
628   vgl. Rudolph S. 279
629   vgl. Birr S. 136
630   Anton II S. 718
631   ebd. S. 790
632   Rudolph S. 283
633   vgl. Schnabel und Tatzkow S. 48 und Anton II S. 827 f; Anton unterscheidet dagegen noch die relative von der absoluten Verjährungsfrist (vgl. Anton II S. 792 f)
634   vgl. Hartung S. 333
635   ebd. S. 333
636   vgl. Schnabel und Tatzkow S. 48 f und Birr S. 97 f
637   vgl. Birr S. 97

ger verpflichtet, bei Restitutionsverfahren im Rahmen der Washingtoner Erklärung auf die Verjährungseinrede bei berechtigten Ansprüchen zu verzichten[638]. Beim Gesetz zur Modernisierung des Schuldrechts 2001 bzgl. der Neuregelung des Verjährungsrechts waren bei den Vorverhandlungen zur Verjährung des Herausgabeanspruchs nach § 985 BGB Forderungen vertreten worden, Ansprüche, welche der Verwirklichung absoluter Rechtspositionen dienen, nicht der Verjährung zu unterwerfen[639] und somit Herausgabeansprüche bei beweglichen Sachen unverjährbar zu stellen[640]. Diese Forderungen wurden nicht berücksichtigt, was heftig kritisiert wurde[641], da es auch den bösgläubigen Besitzer, etwa den kulturellen Dieb, zu Unrecht schütze[642]. Seitdem besteht aber zumindest Klarheit, dass die Verjährbarkeit dinglicher Restitutionsansprüche (unrechtmäßig entzogener Kulturgüter) 30 Jahre beträgt (§ 197 Abs. 1 Nr. 2 BGB)[643].

5.5 Möglichkeit der Verjährungseinrede durch Cornelius Gurlitt

Zur Unterscheidung: „Das Rechtsinstitut der akquisitiven Ersitzung fokussiert [...] auf den Rechtserwerb des kulturellen Besitzers und die besonderen Umstände auf Seiten des Ersitzenden, während das Rechtsinstitut der extinktiven Verjährung auf den Ausschluss der Geltendmachung einer grundsätzlich bestehenden Rechtsposition des Eigentümers der unrechtmäßig entzogenen Kulturgüter abstellt."[644] Cornelius Gurlitt kann die Einrede der Verjährung erheben, wenn die dreißigjährige Verjährungszeit vollendet wurde und kein Ausschluss der Verjährungseinrede vorliegt[645].

Nachfolgend sollen die Argumente, die für und gegen eine theoretische - Cornelius Gurlitt hat davon nicht Gebrauch gemacht - Verjährungseinrede sprechen, abgewogen werden. Hätte Gurlitt als Besitzer der Werke dem Herausgabeanspruch des Eigentümers aus § 985 BGB die Einrede der Verjährung entgegenhalten können?

Da entsprechend der vorhergehenden Ausführungen die Alteigentümer ihr Eigentum an den Werken nicht verloren haben und Cornelius Gurlitt kein Eigentum im Rahmen der Ersitzung aufgrund fehlender Gutgläubigkeit erlangte (wel-

---

638 vgl. Schnabel und Tatzkow S. 49, Anton I S. 741, Anton II S. 866 und Anton III S. 866
639 vgl. Rudolph S. 280 ff, Anton II S. 858 f und Hartung S. 324
640 vgl. Anton II S. 863 f
641 vgl. Rudolph S. 280 ff, Anton II S. 875 f, Anton III S. 12 f, Schnabel und Tatzkow S. 48 und Finkenauer S. 482, 486
642 vgl. Rudolph S. 283 f und Anton II S. 876
643 vgl. Anton II S. 863
644 Anton II S. 718
645 vgl. Plambeck S. 146 f

che wiederum vom Herausgabebegehrenden nachzuweisen wäre[646]), können die Alteigentümer bzw. deren Nachfahren gemäß § 985 BGB vom unberechtigten Besitzer die Herausgabe der Sache verlangen, denn das Eigentum als absolutes Herrschaftsrecht ermöglicht dem Eigentümer gemäß § 903 BGB mit der Sache nach Belieben zu verfahren und andere von jeder Einwirkung auszuschließen[647]. Gemäß § 197 Abs. 1 Nr. 2 BGB verjähren aber Herausgabeansprüche in 30 Jahren und Gurlitt wäre nach Eintritt der Verjährung berechtigt, die Leistung zu verweigern (§ 214 BGB), denn „[d]ie Erhebung der Einrede der Verjährung hat zur Folge, dass eine Herausgabeklage als unbegründet abzuweisen wäre; der Herausgabeanspruch nach § 985 BGB kann damit nicht mehr durchgesetzt werden."[648] Die Verjährung stellt grundsätzlich „lediglich auf den Ablauf einer bestimmten Zeitspanne [...] und sonstige Umstände [, die] allein zur Bestimmung des Fristenlaufs, d.h. für den Anfang, die Hemmung und den möglichen Neubeginn der Frist bedeutend sind"[649], ab.

Zunächst stellt sich die Frage, wann die Verjährungsfrist für Cornelius Gurlitt begann. Hier stößt man auf unterschiedliche Meinungen: Die Verjährungsfrist von kulturellen Restitutionsansprüchen nach § 197 Abs. 1 Nr. 2 BGB, „die auf der fortbestehenden Eigentumsposition des Restitutionsgläubigers beruhen, beginnt nach § 200 *BGB* mit Anspruchsentstehung (Beginn der Verjährungsfrist)."[650] Der Anspruch des Eigentümers gegen den Besitzer aus § 985 BGB entsteht nach Anton daher „in dem Moment, in dem der Besitzer die tatsächliche Sachherrschaft an dem unrechtmäßig entzogenen Kulturgut erlangt und ihm kein Recht zum Besitz zusteht."[651] Nach der hier vertretenen Meinung, dass Cornelius Gurlitt erst 1968 nach dem Tod der Mutter im Besitz der Bilder gelangte, wäre der Anspruch erst 1998 verjährt. Diese Ansicht stützt zumindest Rudolph[652]. Es gilt hierbei übrigens nach Anton auch keine Jahresschlussverjährung (§§ 187

---

646 vgl. Kunze S. 149. So legt Kunze dar, dass der Herausgabebegehrende seine Klage aus § 985 BGB nur dann erfolgreich führen kann, wenn er dem Besitzer nachweist, dass dieser entweder im Zeitpunkt des Besitzerwerbs nicht als Eigenbesitzer, sondern für einen anderen besitzen wollte oder zumindest grob fahrlässig an das Eigentum des Veräußernden geglaubt, bzw. Kenntnis von der fehlenden Eigentümerstellung des Veräußerers während der Besitzzeit erlangt hat. All dies sind äußerst subjektive Momente, für die der Kläger, da er regelmäßig nicht bei der Besitzerlangung anwesend war, nur schwerlich überzeugende Tatsachen oder Argumente wird vorbringen können (Kunze S. 226).

647 vgl. Bergmann im Vortrag „Der Fall Gurlitt – Die Verjährung der Vindikation" http://www.fernuni-hagen.de/videostreaming/rewi/vortraege/20140710.shtml zuletzt aufgerufen am 10.07.2015

648 Rudolph S. 279

649 Anton II S. 719

650 ebd. S. 827, Schreibweise im Original

651 ebd. S. 828

652 Gespräch mit Frau Dr. Rudolph am 22.08.2014

Abs. 1 und 188 BGB)[653]. Cornelius Gurlitt kann sich aber gemäß § 198 BGB als Rechtsnachfolger, gemeint ist laut Anton ein willentlicher Nachfolger in den Besitz, die bereits verstrichene Verjährungszeit seines Vaters und seiner Mutter anrechnen lassen[654]. Gemäß Schnabel und Tatzkow beginnt hingegen die Verjährungsfrist „mit dem Besitzverlust, unabhängig davon, ob der Alteigentümer von diesem Verlust Kenntnis erlangt hat."[655] Der Herausgabeanspruch gegenüber einem 1941 abhandengekommenen Werk wäre demnach nach 30 Jahren verjährt. Wie schon beim Rechtsinstitut der Ersitzung erörtert, stellt sich auch hier die Frage nach einer Hemmung der Verjährung bei höherer Gewalt zunächst gemäß § 206 BGB. Eine durch höhere Gewalt herbeigeführte Verhinderung der Geltendmachung des Anspruchs ist aber gemäß § 206 BGB nur während der letzten sechs Monate der Verjährungsfrist beachtlich. Eine Verhinderung während der 29 ½ Jahre vor diesem Zeitpunkt bleibt unbeachtlich. Deshalb dürfte der § 206 BGB als Hemmungsgrund der Verjährungsfrist nur für Ausnahmefälle relevant sein[656]. Hartung sieht eine Hemmung der Verjährung gemäß § 206 BGB bzw. § 203 BGB alter Fassung ebenfalls kritisch[657].

Weil die ursprünglichen Eigentümer aber bis mindestens zum Ende des Zweiten Weltkrieges an der Rechtsverfolgung gehindert waren und keine Möglichkeit hatten, vor deutschen Gerichten ihre Ansprüche geltend zu machen,[658] wird, wie beim Rechtsinstitut der Ersitzung, von einer Hemmung der Verjährungsfristen ausgegangen[659]. So gehen auch Bergmann, Finkenauer und Kunze von einem Verjährungsbeginn erst 1945 aus[660]. Zudem gibt Hartung zu bedenken, dass nach altem Recht die Ansprüche längst verjährt sind, „da dort nach § 198 I BGB alter Fassung die Verjährung am Ende des Jahres der *Entstehung des Anspruchs*, mithin zum Zeitpunkt der Wegnahme, zu laufen begann. Nach altem Recht hat also der Lauf der Verjährung bereits zum Zeitpunkt der den Anspruch begründenden widerrechtlichen Handlung, so der Wegnahme im besetzten Gebiet etc. (je nach Fallgestaltung zwischen 1933 bis 1948) begonnen.

---

653   vgl. Anton II S. 828
654   vgl. ebd. S. 836, 843, 859 f, Kunze S. 236, Finkenauer S. 483, Rudolph S. 285
655   Schnabel und Tatzkow S. 48
656   vgl. Kunze S. 236 f, Anton II S. 833 f, Hartung S. 320 ff
657   vgl. Hartung S. 320 ff; vgl. auch Birr S. 77 f
658   Anton II S. 828, 834
659   vgl. Schnabel und Tatzkow S. 50
660   vgl. Bergmann im Vortrag „Der Fall Gurlitt – Die Verjährung der Vindikation" http://www.fernuni-hagen.de/videostreaming/rewi/vortraege/20140710.shtml zuletzt aufgerufen am 30.05.2015, Bergmann sieht ein Verjährung 1975, wobei er grundsätzlich davon ausgeht, dass die Verjährung nicht gehemmt war; vgl. auch Finkenauer S. 486 und Gespräch mit Herrn Dr. Kunze am 18.08.2014

Das neue Verjährungsrecht kann mit dem in § 199 BGB vorgesehenen subjektiven Ansatz daher schon gar nicht mehr greifen."[661] Die herrschende Meinung bejaht eine Hemmung der Verjährung aufgrund der Verhinderung der Rechtsverfolgung seitens der Eigentümer und spezialgesetzlicher Vorschriften bis Ende 1948[662], Rudolph erweitert diese teilweise bis zum 31. März 1951[663].

Bei abhandengekommenen Kunstwerken begann demnach die Verjährungsfrist ab dem Zeitpunkt der schädigenden Handlung, war aber bis Ende 1948 gehemmt[664]. Somit kann laut Schnabel und Tatzkow „regelmäßig bei zivilrechtlichen Ansprüchen von NS-Verfolgten von einem Verjährungsbeginn ab Anfang 1949 ausgegangen werden."[665] Für Cornelius Gurlitt bedeutet dies, dass Eigentumsherausgabeansprüche gegen ihn mit Ablauf des 31. Dezember 1979 verjährten, da er sich gemäß § 198 BGB die Verjährungszeit seiner Rechtsvorgänger anrechnen lassen konnte[666].

Eine Untersuchung, inwieweit die von 1945 bis 1950 andauernde Beschlagnahme eines Teils der Bilder durch die Amerikaner Auswirkungen auf die Verjährung (wie auch die Ersitzung) gehabt haben könnte, kann hier nicht erfolgen. Es bleibt aber festzustellen, dass Cornelius Gurlitt in jedem Fall die dreißigjährige Verjährungsfrist erfüllt hat.

Der Verjährungseinwand muss vom Betreffenden selbst geltend gemacht werden und wird nicht von Amts wegen berücksichtigt[667]. Es gibt aber Auffassungen, die die Einrede der Verjährung verneinen. So sieht Raue in der Verjährungseinrede zunächst einen Verstoß gegen den Grundsatz von Treu und Glauben (§ 242 BGB)[668]. Er bezieht sich aber hier unter anderem auf den „Treuhandauftrag" (gemeint sind hier Kommissionsverträge) von Hildebrand Gurlitt, den er mit dem Propagandaministerium geschlossen haben soll und sich die Werke rechtswidrig einverleibt habe. Dieser Makel sei auf den Erben Cornelius Gurlitt übergegangen[669]. Raue verkennt hier aber, dass für die Tätigkeit von Hildebrand Gurlitt nur ein einziger Kommissionsvertrag[670] belegt ist. In diesem Fall wäre

---

661 Hartung S. 333
662 vgl. Schnabel und Tatzkow S. 50, Anton II S. 834, Kunze S. 228, 236
663 vgl. Rudolph S. 275 ff
664 vgl. Schnabel und Tatzkow S. 50
665 ebd.
666 Kunze sieht bei Werken der „entarteten Kunst", welche je nach Auslegung als NS-Raubkunst definiert werden können, unter Berücksichtigung der kriegsbedingten Hemmung eine Verjährung spätestens seit Beginn der siebziger Jahre (vgl. Kunze S. 240).
667 vgl. Schnabel und Tatzkow S. 48
668 vgl. Raue S. 4
669 vgl. ebd.
670 Gespräch mit Frau Dr. Hoffmann von der Berliner Forschungsstelle Entartete Kunst am 19.08.2014

Hildebrand Gurlitt als Kommissionär nicht das Eigentum, sondern lediglich der Besitz am Kommissionsgut, z.B. durch das Propagandaministerium, übertragen worden. Aufgrund der nur einen bekannt gewordenen Ausnahme kann den Ausführungen von Raue nicht gefolgt werden.

Rudolph weist darauf hin, dass die Einrede der Verjährung gemäß § 214 BGB unter bestimmten Voraussetzungen durch den Gegeneinwand der unzulässigen Rechtsausübung nach § 242 BGB entkräftet werden kann[671]. Raue bestätigt dies, indem er feststellt, dass die Einrede der Verjährung dem Gebot des Verhaltens nach Treu und Glauben unterliegt. So ist die Erhebung unter anderem treuwidrig, „wenn der Verpflichtete den Berechtigten durch sein Verhalten von der rechtzeitigen Klageerhebung abgehalten [...hat]"[672]. Raue geht sogar noch weiter: Er bejaht die Treuwidrigkeit der Verjährungseinrede durch den bösgläubigen Erben (hier: Cornelius Gurlitt), da das Verhalten des Beklagten bereits treuwidrig gewesen sei[673]. Dem widerspricht Finkenauer, indem er festhält, dass die Bösgläubigkeit allein die Verjährungseinrede nicht rechtsmissbräuchlich macht[674]. Finkenauer sieht im Falle des illegalen Handels mit Kulturgut die Verjährungseinrede rechtsmissbräuchlich, wenn die Sache vom bösgläubigen Besitzer „lange Zeit eingelagert, versteckt, bewusst hin- und hergeschoben [wurde], um sich anschließend auf Verjährung zu berufen, [...] er dem Gläubiger eine rechtzeitige Klageerhebung [also] arglistig erschwert[e]"[675], aber die „Bösgläubigkeit allein macht die Verjährungseinrede nicht rechtsmissbräuchlich."[676] Dies bestätigt auch insoweit Bergmann: „Wer die Einhaltung der Verjährungsfristen vereitelt, kann sich nicht auf Verjährung berufen"[677]. Für Hildebrand Gurlitt selber, wenn er sich durch die Lüge, die Werke seien verbrannt, im Besitz dieser gehalten hat, sieht Finkenauer die Möglichkeit der rechtsmissbräuchlichen Verjährungseinrede. Dies könne aber nicht dem Sohn angelastet werden. Die bloße Aufbewahrung in der eigenen Wohnung, wie durch den Sohn Cornelius Gurlitt erfolgt, ließe diese Annahme aber nicht rechtfertigen[678]. Auch Rudolph sieht eine rechtsmissbräuchliche Verjährungseinrede fraglich, obwohl der private Besitzer ein Kunstwerk, „von dem er weiß, dass es seinem Eigentümer abhandengekommen ist, versteckt und diesem damit faktisch die Möglichkeit zur Geltendma-

671 vgl. Rudolph S. 288
672 Raue S. 4
673 vgl. ebd.
674 vgl. Finkenauer S. 484
675 ebd.
676 ebd.
677 Bergmann im Vortrag „Der Fall Gurlitt – Die Verjährung der Vindikation" http://www.fernuni-hagen.de/videostreaming/rewi/vortraege/20140710.shtml zuletzt aufgerufen am 20.07.2015
678 vgl. Finkenauer S. 484

chung seines Herausgabeanspruchs nimmt"[679]. Laut Anton geht die überwiegende Meinung davon aus, dass die Erhebung der Verjährungseinrede selbst durch den Dieb oder den Hehler nicht als treurechtswidrig zu qualifizieren ist[680]. Dagegen argumentiert Hartung, indem er ausführt, dass ein Kulturgut, „das im Verborgenen bis nach Ablauf der Verjährungsfrist gelagert wurde, weder ersessen werden, noch der bösgläubige Fremdbesitzer dem Herausgabeanspruch die Einrede der Verjährung entgegenhalten kann, suchte er sich doch durch sein eigenes Verhalten dem Anspruch zu entziehen, § 242 I BGB"[681], indem er das Kulturgut für längere Zeit absichtlich dem Rechtsverkehr entzogen hat[682]. Auch Schnabel und Tatzkow vertreten die Auffassung beim bösgläubigen Besitzer, dessen Verjährungseinrede rechtsmissbräuchlich ist, weil er weiß, „dass er nicht [der] Eigentümer der Sache ist und das Werk unter Verschluss hält [..., damit der Eigentümer...] während der dreißigjährigen Verjährungsfrist keine Kenntnis von den Besitzverhältnissen"[683] erlangen konnte, um seine Ansprüche anzumelden. Auch Birr sieht die Verjährungseinrede rechtsmissbräuchlich, wenn der Schuldner „durch sein Verhalten den Gläubiger davon abgehalten hat, rechtzeitig Klage zu erheben."[684] „Er muss dabei nicht vorsätzlich oder in dem Bewusstsein, den Gläubiger um seinen Anspruch zu bringen, handeln."[685] Für diese Annahme spricht, dass Cornelius Gurlitt noch 2011 über den damaligen Verkaufsvermittler des „Löwenbändigers" von Max Beckmann die Anfrage des Anwaltes der Flechtheim-Erben übermittelt bekam, ob sich noch weitere Flechtheim-Werke in dessen Besitz befinden. Darauf habe er nie geantwortet[686].

Wird eine Verjährungseinrede für Cornelius Gurlitt als Verstoß gegen Treu und Glauben bejaht, müsste dies ihm wiederum vom Herausgabebegehrenden nachgewiesen werden. Ob die bisherigen Indizien dafür ausreichen, bleibt allerdings fraglich, denn Gurlitt hätte behaupten können, dass er aus Angst vor Einbrechern oder Kunsträubern im Verborgenen blieb[687].

Laut Bergmann sei eine Verjährungseinrede Gurlitts nicht rechtsmissbräuchlich, denn ob Gurlitt erfüllen will oder nicht „sei eine moralische Frage

679   Rudolph S. 288 f
680   vgl. Anton II S. 879
681   Hartung S. 422
682   vgl. ebd.
683   Schnabel und Tatzkow S. 48 f
684   Birr S. 97
685   ebd.
686   vgl. Koldehoff S. 45
687   vgl. http://www.welt.de/kultur/kunst-und-architektur/article121980701/Welche-Rechte-hat-Cornelius-Gurlitt.html zuletzt aufgerufen am 25.07.2015

und es ist nicht Aufgabe des Gerichts, ihm die Entscheidung dieser moralischen Frage zu entziehen, indem es ihm die Verjährungseinrede verwehrt"[688].

Gurlitt wäre also berechtigt gewesen, die Einrede der Verjährung zu erheben, was er bekanntlich nicht tat. Inwieweit diese Verjährungseinrede rechtsmissbräuchlich gewesen wäre, hätte individuell geprüft und vom Anspruchsteller bewiesen werden müssen[689]. Und dies sieht Wasmuth kritisch, denn Hildebrand Gurlitt hat Werke unterschiedlicher Provenienz vererbt. Deshalb ließe sich „der Nachweis der Bösgläubigkeit oder gar die Kenntnis der wahren Eigentumsrechte kaum erbringen."[690]

Trotz einer möglichen Verjährung des Herausgabeanspruchs tritt aber kein Eigentum zugunsten des Besitzers ein. Das Eigentum verbleibt beim Alteigentümer (Dauerhaftes Auseinanderfallen von Eigentum und Besitz). Bergmann gewinnt dieser Situation sogar Vorteile ab: Der Eigentümer behält Eigentum, kann damit aber nichts anfangen und der Besitzer hat die Sache, kann sie aber nicht nutzen. Dies zwinge beide, aufeinander zuzugehen. So geschehen beim Verkauf von Max Beckmanns „Löwenbändiger", bei dem sich Cornelius Gurlitt und die Flechtheim-Erben den Erlös geteilt haben[691]. Finkenauer geht dagegen sogar noch weiter: „Mit der Vindikationsverjährung sei entschieden, dass der Besitzer die Sache haben darf."[692] Er darf die Sache haben und auch nutzen, „ohne Nutzungsersatz zu schulden."[693] Er bezeichnet ihn gar als Eigentümer[694]. Dem schließt sich Kunze an[695].

Auf die Sorgfaltsanforderungen der Eigentümer, welche zu einer Verwirkung kultureller Restitutionsansprüche führen können, kann hier nicht eingegangen werden[696].

5.6 Weitere Anspruchsgrundlagen der Eigentümer

In diesem Kapitel sollen kurz andere mögliche zivilrechtliche Anspruchsgrundlagen der Eigentümer angesprochen werden, nachdem die Handreichung zur

---

688 Bergmann im Vortrag „Der Fall Gurlitt – Die Verjährung der Vindikation" http://www.fernuni-hagen.de/videostreaming/rewi/vortraege/20140710.shtml zuletzt aufgerufen am 20.07.2015
689 vgl. Wasmuth S. 751
690 ebd.
691 vgl. Bergmann im Vortrag „Der Fall Gurlitt – Die Verjährung der Vindikation" http://www.fernuni-hagen.de/videostreaming/rewi/vortraege/20140710.shtml zuletzt aufgerufen am 20.07.2015
692 Finkenauer S. 485
693 ebd.
694 Finkenauer S. 484 f, 487: „Der Besitzer hat (…) mit der Verjährung sogar Eigentum erlangt"
695 Gespräch mit Herrn Dr. Kunze am 18.08.2014; vgl. dazu auch Armbrüster: https://www.justiz.bayern.de/media/pdf/gesetze/kulturgut_rs.pdf zuletzt aufgerufen 01.08.2015
696 dazu ausführlich: Anton II S. 718, 1009 ff

Umsetzung der „Erklärung der Bundesregierung, der Länder und der kommunalen Spitzenverbände zur Auffindung und zur Rückgabe NS-verfolgungsbedingt entzogenen Kulturgutes, insbesondere aus jüdischem Besitz" vom Dezember 1999 festgestellt hat, dass es in den alten Bundesländern grundsätzlich keine rechtlich durchsetzbaren Ansprüche mehr gibt[697]. Dem wiederum widerspricht Rudolph vehement, da sie weiterhin eine bestehende Restitutionspflicht aufgrund § 985 BGB sieht[698]. Sie und Anton empfehlen eine Herausgabeklage trotz Verjährung[699], da „für die Betroffenen die Geltendmachung von Ansprüchen im Zivilrechtsweg weiterhin möglich"[700] ist, denn die „öffentlich-rechtlichen Bestimmungen schließen die Verfolgung von Ansprüchen auf gesetzlich anderem Wege, insbesondere auf zivilrechtlichem, nicht aus."[701] Anton verweist nur darauf, dass in Deutschland keine aktuellen Restitutionsregeln existieren mit Ausnahme der öffentlich-rechtlichen Träger, die sich den Regelungen der Washingtoner Erklärung unterworfen haben[702].

Hält der Besitzer aber dem Herausgabeanspruch des Eigentümers die Verjährungseinrede entgegen, so handelt es sich um die Verletzung eines absoluten Herrschaftsrechts des Eigentümers, aus dem sich wesentlich mehr Rechte, als nur der Herausgabeanspruch entwickeln[703]. Der Eigentümer kann demnach gemäß § 1004 BGB jegliche Einwirkung auf die Sachsubstanz der Werke unterbinden, so z.b. ein Umrahmen[704]. Zudem kommen Schadensersatzansprüche bei schuldhaften Substanzverletzungen gemäß §§ 987, 989, 990 BGB oder der Anspruch auf einen vollen Verkaufserlös aus § 816 BGB (sogenannter Vindikationsersatzanspruch) i.V.m. § 185 BGB in Betracht. Zu beachten bleibt laut Bergmann § 217 BGB[705].

Als Privatperson bzw. Privatsammler unterstand Cornelius Gurlitt nicht den Prinzipien der Washingtoner Erklärung[706] und konnte sich demzufolge auf die

---

697   vgl. Handreichung S. 28 http://www.lostart.de/Content/09_Service/DE/Downloads/Handreichung.
pdf;jsessionid=6AAF25B2E4FE46758C1B52BBD8455DC6.m1?__blob=publicationFile zuletzt
aufgerufen am 20.07.2015; vgl. auch Anton I S. 624 f
698   vgl. Rudolph S. 147 ff
699   vgl. Anton I S. 462, 577 und persönliches Gespräch mit Frau Dr. Rudolph am 22.08.2014
700   Anton I S. 705
701   Schnabel und Tatzkow S. 106 ff
702   vgl. Anton I S. 624 f, 732
703   vgl. Bergmann im Vortrag „Der Fall Gurlitt – Die Verjährung der Vindikation"
http://www.fernuni-hagen.de/videostreaming/rewi/vortraege/20140710.shtml zuletzt aufgerufen am 20.07.2015
704   vgl. ebd.
705   vgl. ebd. sowie Schnabel und Tatzkow S. 51; Anton verweist noch auf den § 852 BGB (Herausgabeansprüche nach Eintritt der Verjährung; vgl. Anton II S. 827) und den § 812 Abs. 1 S.
1 BGB (ungerechtfertigte Bereicherung zur Rückgängigmachung einer ungerechtfertigten kulturellen Vermögensmehrung des Restitutionsverpflichteten; Anton III S. 68).
706   vgl. Koldehoff/Oehmke/Stecker S. 11

zivilrechtlichen Verjährungsregeln berufen[707]. Die alliierten und bundesdeutschen Rückerstattungsgesetze kommen aufgrund ihrer strengen und längst ausgelaufenen Anmeldefristen als Anspruchsgrundlage auch nicht mehr in Betracht. Einen Anspruch aus dem Vermögensgesetz schließt Bergmann ebenfalls aus, da die Verjährung auf dem Gebiet der Bundesrepublik Deutschland eintrat[708].

Zumindest scheint sich der bayerische Gesetzgeber der Auffassung der Handreichung zur Umsetzung der „Erklärung der Bundesregierung, der Länder und der kommunalen Spitzenverbände zur Auffindung und zur Rückgabe NS-verfolgungsbedingt entzogenen Kulturgutes, insbesondere aus jüdischem Besitz" angeschlossen zu haben, denn am 14. Februar 2014 hat Bayern seinen Antrag für ein Kulturgut-Rückgewähr-Gesetz im Bundesrat präsentiert, da aus dortiger Sicht die „Problematik der Verjährung von Ansprüchen, die in NS-Unrecht wurzeln, derzeit nicht zufriedenstellend gelöst ist."[709] Damit soll bei abhandengekommenen Sachen die Berufung auf die Verjährung ausgeschlossen sein, wenn der Besitzer bei Besitzerwerb bösgläubig war[710].

5.7 Problematik der Provenienzforschung

Die Untersuchung zum Schwabinger Kunstfund hat die Defizite in der Provenienzforschung offengelegt. Nicht zuletzt bleibt sie auch für den aktuellen Käufer von Kunstwerken von vor 1945 relevant, werden doch an ihn heute zunehmend strengere Nachforschungsobliegenheiten gestellt[711], seitdem die Sensibilität ab 1989 für den Handel mit NS-Raubkunst größer wird[712].

Unter Provenienzforschung als Aufgabe der TASKFORCE wird „die Erforschung der historischen Besitzverhältnisse eines Werkes bis zur Klärung der Fragen, ob es sich bei dem Werk um NS-Raubkunst handelt; und wenn ja, wem das Werk NS-verfolgungsbedingt entzogen wurde"[713] verstanden.

---

707 vgl. ebd. S. 52 sowie Schnabel und Tatzkow S. 51
708 vgl. Bergmann im Vortrag „Der Fall Gurlitt – Die Verjährung der Vindikation" http://www.fernuni-hagen.de/videostreaming/rewi/vortraege/20140710.shtml zuletzt aufgerufen am 20.07.2015
709 Antwortschreiben des Bayerischen Staatsministeriums der Justiz vom 13. August 2014
710 https://www.justiz.bayern.de/media/pdf/gesetze/kulturgut_rs.pdf zuletzt aufgerufen am 01.08.2015
711 vgl. Hartung S. 311
712 „Der Fall Gurlitt – Was hat die Kunstgeschichte daraus gelernt?" auf https://www.youtube.com/watch?v=YBXjGvZjzWY zuletzt aufgerufen am 01.08.2015
713 http://www.bundesregierung.de/Content/DE/_Anlagen/BKM/2014-11-24-vereinbarung-bund-freistaat-bayern-stiftung-kunstmuseum-bern.pdf?__blob=publicationFile zuletzt aufgerufen am 11.08.2015

Den besonderen Herausforderungen bei der Erschließung der früheren Besitzverhältnisse, den Provenienzen, bei der NS-Raubkunst sollte schon durch die Washingtoner Erklärung von 1998[714] sowie der Handreichung zur Umsetzung der „Erklärung der Bundesregierung, der Länder und der kommunalen Spitzenverbände zur Auffindung und zur Rückgabe NS-verfolgungsbedingt entzogenen Kulturgutes, insbesondere aus jüdischem Besitz" vom Dezember 1999 begegnet werden[715]. Die Handreichung sieht eine Verstärkung der Provenienzrecherche/ -forschung vor, wobei die Museen, Bibliotheken und Archive verantwortlich für die Ermittlung der Daten zu den Fundmeldungen bleiben. Denn sie bzw. ihre Träger „entscheiden eigenverantwortlich über den Umgang mit ihren Rechercheergebnissen"[716]. Ab 2008 standen Fördermittel in Höhe von einer Million Euro jährlich zur Verfügung, „um Museen, Bibliotheken, Archive und andere öffentliche Einrichtungen bei der Suche nach Kunst- und Kulturgut zu unterstützen, das infolge der Herrschaft der Nationalsozialisten seinen rechtmäßigen Eigentümern entzogen wurde"[717]. Trotzdem bleibt die Handreichung nicht mehr als eine „rechtlich nicht verbindliche Orientierungshilfe"[718], ein Aufruf an die entsprechenden öffentlichen Institutionen[719].

Schon vor dem Schwabinger Kunstfund wurden die Maßnahmen zur Provenienzforschung als nicht ausreichend kritisiert. So werde sie hauptsächlich befristet bzw. nur nebenbei betrieben und es fehle die finanzielle Unterstützung der Museen[720]. Auch die Probleme beim Zugang zu den Archiven wurden von Koldehoff bemängelt[721]. Noch 2005 kritisierte Hartung, dass eine Provenienzforschung in Deutschland erst am Anfang steht: „Dies ergibt sich bereits daraus, dass Provenienzforschung bislang nur sehr vereinzelt in den größeren Museen professionell betrieben wird. Es scheinen bislang die öffentlichen Mittel dafür zu fehlen, die eigene gemeinsame Erklärung aus dem Jahre 1999 auch tatsächlich in die Tat umzusetzen. Dann müsste aber die Provenienzforschung in jedem Bundesland betrieben werden, was einer entsprechenden Finanzierung bedarf. Zu-

---

714 vgl. Koldehoff S. 311 f
715 daneben ist u.a. noch die Theresienstädter Erklärung vom 30. Juni 2009 zu nennen
716 http://www.lostart.de/Content/09_Service/DE/Downloads/Handreichung.pdf;jsessionid=0B053817 4E1D9D9E5E6A856D157B4283.m1?__blob=publicationFile zuletzt aufgerufen am 01.08.2015
717 ebd.
718 ebd.
719 vgl. http://www.bundesregierung.de/Webs/Breg/DE/Bundesregierung/BeauftragtefuerKulturundMe dien/kultur/rueckfuehrung_ns_raubkunst/_node.html zuletzt aufgerufen am 01.08.2015
720 vgl. Koldehoff S. 267
721 vgl. S. 112 und Koldehoff in der Podiumsdiskussion zu: „Der Fall Gurlitt – Was hat die Kunstgeschichte daraus gelernt?" auf https://www.youtube.com/watch?v=YBXjGvZjcWY zuletzt aufgerufen am 01.08.2015

dem sind sogar in den großen Häusern die Stellen zeitlich befristet und daher schon mancherorts nicht mehr besetzt."[722] Heuberger bezeichnet die Reaktionen auf die Defizite in der Provenienzforschung gar als „anlassbezogenem Aktionismus"[723]. So differenziert auch Koldehoff, indem er eine Aufgabe der Provenienzforschung besonders hervorhebt, nämlich den betroffenen Erben zu erklären, was mit ihren Werken geschehen ist. Demzufolge steht hier nicht die Restitution an erster Stelle[724].

„Der Fall Gurlitt holt Provenienzforschung aus dem Dornröschenschlaf"[725] und so hat auch die Politik aufgrund des Schwabinger Kunstfundes auf diese Defizite reagiert und die Fördermittel des Bundes für Provenienzforschung deutlich erhöht (auf sechs Millionen Euro im Jahr 2015)[726]. Zur Stärkung der Provenienzforschung und als zentraler Ansprechpartner wurde zum 01. Januar 2015 in Magdeburg das von Bund, Ländern und Kommunen getragene Deutsche Zentrum Kulturgutverluste eingerichtet[727]. Denn der Aufwand für die Provenienzforschung hat sich als sehr hoch gezeigt[728]. Derzeit gebe es im deutschsprachigen Raum gerade einmal rund 200 Provenienzforscher, wobei die Universitäten in Zukunft noch enger zusammenarbeiten müssen[729].

Lange und Oehler geben zu bedenken, dass die Provenienzforschung gerade auch in Bezug auf die Zwangsverkäufe noch keinerlei Erfahrungswerte geben kann[730].

Im Rahmen der Bearbeitung gelang es aber, die mit der Provenienzrecherche zur „Sammlung Gurlitt", welche vom Bund und dem Freistaat Bayern finanziert wird[731], befassten Institutionen ausführlich zum Hintergrund ihrer Arbeit zu befragen. Nachfolgend sollen die wichtigsten Erkenntnisse für diesen Fall zusammengefasst werden.

---

722 Hartung S. 127
723 Heuberger in Schoeps und Ludewig S. 195
724 Koldehoff in der Podiumsdiskussion zu: „Der Fall Gurlitt – Was hat die Kunstgeschichte daraus gelernt?" auf https://www.youtube.com/watch?v=YBXjGvZjzWY zuletzt aufgerufen am 01.08.2015
725 http://www.dw.com/de/der-fall-gurlitt-und-seine-folgen/a-18009589 zuletzt aufgerufen am 09.08.2015; vgl. auch Koldehoff S. 272 f
726 http://www.bundesregierung.de/Webs/Breg/DE/Bundesregierung/BeauftragtefuerKulturund Medien/kultur/rueckfuehrung_ns_raubkunst/_node.html zuletzt aufgerufen am 01.08.2015
727 ebd.
728 Der Fall Gurlitt – Was hat die Kunstgeschichte daraus gelernt?" auf https://www.youtube.com/watch?v=YBXjGvZjzWY zuletzt aufgerufen am 01.08.2015
729 vgl. http://www.dw.com/de/der-fall-gurlitt-und-seine-folgen/a-18009589 zuletzt aufgerufen am 09.08.2015
730 vgl. Lange und Oehler S. 87
731 vgl. http://www.lostart.de/Content/041_KunstfundMuenchen/DE/Buecher/Buch1_bilderstrecke. html;jsessionid=38F9152931DD49B70B0F95931FE8E4AF.m0 zuletzt aufgerufen am 01.08.2015

Dr. Matthias Henkel, Leiter Presse und Kommunikation der TASKFORCE „Schwabinger Kunstfund", beschrieb deren Arbeit in seiner Antwort auf einen Fragenkatalog wie folgt[732]: Bei der Recherche zu den Provenienzen nutze die TASKFORCE die üblichen Quellen und Methoden. Den Ausgangspunkt bilden dabei die Kunstwerke. Zudem werden die vorhandenen schriftlichen Quellen, wie Geschäftsbücher, Auktionskataloge und Ausstellungskataloge ausgewertet.

Teile der Geschäftsbücher Hildebrand Gurlitts waren bekanntermaßen von der Staatsanwaltschaft Augsburg[733] der TASKFORCE zur Verfügung gestellt worden. Dessen Sohn, Cornelius Gurlitt, hatte zugesagt, auf freiwilliger Basis eine Provenienzrecherche zu ermöglichen[734].

Als weitere Quellen benannte Henkel die einschlägigen Archive im In- und Ausland sowie die kunsthistorische Fachliteratur. Als Hauptproblem sieht Henkel, die Quellen aufzuspüren und diese wissenschaftlich - auch in ihrer möglichen Lückenhaftigkeit - zu bewerten. Entgegen der Kritik von Koldehoff bewertet Henkel die Zusammenarbeit mit Archiven im In- und Ausland als gut. Eine Angabe zur durchschnittlichen Bearbeitungszeit für eine Provenienzrecherche zu einem Werk konnte Henkel nicht machen, da es bezüglich der einzelnen Kunstwerke und Quellenmaterial erhebliche Unterschiede gebe.

Der verfolgungsbedingte Entzug gemäß Washingtoner Prinzipien beziehe sich laut Henkel nicht allein auf eindeutige Maßnahmen wie Beschlagnahme, sondern auch auf andere Formen des Wegnehmens, Abpressens, des Notverkaufs etc. (vergleiche dazu auch vorhergehende Ausführungen des Autors). Allerdings müssten die Umstände des jeweiligen Entzuges belegt werden. Dazu, in welchem Umfang dies nötig ist, enthalten laut Henkel die Washingtoner Prinzipien gesonderte Aussagen und Beweislastregeln. Die TASKFORCE habe laut Henkel nur die Aufgabe, die Herkunft der bei Cornelius Gurlitt in München aufgefundenen Kunstwerke zu untersuchen. Sie ist demnach kein Gericht und kann deshalb nicht über die Rückgabe von Kunstwerken entscheiden. Selbstverständlich unterrichtet sie nicht nur die Erbberechtigten, sondern alle Anspruchsteller über das Ergebnis der Recherche. Über eine Rückgabe muss dann der Erbberechtigte entscheiden, wobei die Vereinbarung, die Cornelius Gurlitt mit dem Freistaat Bayern und dem Bund geschlossen hatte und in der er sich zu den Washingtoner Prinzipien, insbesondere der Restitution, bekannte, laut Henkel auch für die Erben bindend ist. Das Einstellen der aufgefundenen Kunstwerke in der Datenbank Lost Art dient gerade dazu, möglichen Anspruchsberechtigten den Weg zur

732 Antwortschreiben von Dr. Matthias Henkel vom 28. August 2014
733 vgl. http://www.lostart.de/Content/041_KunstfundMuenchen/DE/Buecher/Buch1_bilderstrecke.html;jsessionid=38F9152931DD49B70B0F95931FE8E4AF.m0 zuletzt aufgerufen am 01.08.2015
734 vgl. ebd.

Geltendmachung ihrer Ansprüche zu eröffnen. Henkel betonte, es werde jedem Hinweis nachgegangen, der bei der TASKFORCE eingeht.

Dabei ist die TASKFORCE eine von der Bundesregierung und dem Freistaat Bayern eingesetzte Expertengruppe zur Erforschung der Provenienz der Kunstwerke, die in der Wohnung von Cornelius Gurlitt beschlagnahmt worden sind. Der Projektträger ist die Stiftung Preußischer Kulturbesitz. Die TASKFORCE wird vom Freistaat Bayern auf Grund seiner Verantwortung für das ursprüngliche staatsanwaltliche Ermittlungsverfahren und dem Bund auf Grund der übergreifenden historischen Verantwortung Deutschlands finanziert. Bei den Untersuchungsergebnissen handelt es sich um gutachterliche Stellungnahmen auf der Basis von Auswertungen historischer Quellen, die zum Zeitpunkt der Untersuchung zugänglich waren. Rechtliche Ansprüche seien damit aber ausgeschlossen, so Henkel[735].

Mit Dr. Meike Hoffmann, von der Forschungsstelle „Entartete Kunst" der Freien Universität Berlin, die mit der Provenienzrecherche zum Schwabinger Kunstfund beauftragt wurde und Mitglied der TASKFORCE ist, konnte am 19. August 2014 ein Gespräch zu den Hintergründen ihrer Arbeit geführt werden.

Als Quellen werden die verschiedenen Datenbanken (z.B. Lost Art) und Archive verwendet. Vor allem Archive in Washington bzw. in Wiesbaden (Unterlagen des Central Collecting Point) bilden hier die Grundlage. Diesbezügliche besteht eine gute Zugangslage. Probleme gebe es bei der Zugangslage zu öffentlichen Archiven in Russland und Frankreich, so Hoffmann. Da eine Provenienzrecherche für jedes Einzelwerk erstellt werden muss, ist die Arbeit sehr aufwendig und es können auch Lücken verbleiben[736]. Dementsprechend sind Umfang und zeitlicher Aufwand für jedes Werk verschieden. Als Erstes werden aber die Ansprüche der Antragsteller geprüft. Hoffmann geht dabei spätestens ab der sogenannten Reichsprogromnacht 1938 von einem NS-verfolgungsbedingten Verlust aus. Bei Verkäufen davor müsste eine individuelle Prüfung der Umstände des Verkaufs erfolgen[737].

Nach der Kritik an der Beschlagnahme durch die Staatsanwaltschaft Augsburg[738] ist für die Provenienzforschung doch eines offensichtlich geworden: Ohne die Mithilfe des aktuellen Besitzers würden sich die Nachforschungen möglicherweise erschweren. Denn im Zweifel hat der aktuelle Besitzer noch die notwendigen Unterlagen bzw. Anhaltspunkte für die Provenienzforschung. Eine

---

735 Antwortschreiben von Dr. Matthias Henkel vom 28. August 2014
736 vgl. z.B. Provenienzbericht der TASKFORCE „Schwabinger Kunstfund" zu Max Liebermann „Zwei Reiter am Strand" http://www.taskforce-kunstfund.de/ fileadmin/ _downloads/TFK_ 2014-07-25_Schlussbericht_Liebermann_Reiter_am_Stand.pdf zuletzt aufgerufen am 01.08.2015
737 Gespräch mit Frau Dr. Hoffmann am 19.08.2014
738 vgl. Hartung in Schoeps und Ludewig S. 152 ff

Vereinbarung, die im Falle Gurlitts zwischen Bund, Freistaat Bayern und Cornelius Gurlitt erfolgte[739], wodurch die Beschlagnahme aufgehoben wurde, setzt
gerade auf die Freiwilligkeit Gurlitts, eine Provenienzrecherche weiterhin zu
ermöglichen[740]. Im Zweifel werden aber heutige Besitzer die Herausgabe entsprechender Unterlagen verweigern bzw. deren Existenz abstreiten, wenn sie mit
Herausgabeansprüchen konfrontiert werden. Hier sollte ein gegenseitiges Aufeinander zugehen im Sinne Bergmanns erfolgen, das auf die Freiwilligkeit in der
Zusammenarbeit bei der Provenienzrecherche angewiesen ist.

---

739   vgl. http://www.lostart.de/Content/02_Aktuelles/2014/14-04-07%20PM%20Vereinbarung%20
      zum%20Schwabinger%20Kunstfund.html?nn=66916 zuletzt aufgerufen am 01.08.2015
740   vgl. ebd.

6 Das Kulturgut-Rückgewähr-Gesetz

6.1 Bayerische Gesetzesinitiative für ein Kulturgut-Rückgewähr-Gesetz

Nach dem medialen Aufschrei aufgrund der bekannt gewordenen Hintergründe zum Schwabinger Kunstfund reagierte der bayerische Justizminister Professor Dr. Winfried Bausback umgehend und stellte den am 07. Januar 2014 von Bayern im Bundesrat eingebrachten Gesetzesentwurf für ein Kulturgut-Rückgewähr-Gesetz am 14. Februar 2014 im Bundesratsplenum vor.

Aus Sicht der Antragsteller ist die „Problematik der Verjährung von Ansprüchen, die in NS-Unrecht wurzeln, derzeit nicht zufriedenstellend gelöst [..., wenn...] sogar bösgläubigen Besitzern von in der NS-Zeit verfolgungsbedingt entzogenen Gegenständen gestattet ist, sich gegenüber den Erben auf die Einrede der Verjährung zu berufen, sodass im Ergebnis durch den NS-Staat geschaffenes Unrecht auf Dauer perpetuiert wird"[741]. Deshalb soll sich ein beim Erwerb bösgläubiger Besitzer gegenüber dem Eigentümer nicht mehr auf die Einrede der Verjährung berufen können. Dabei geht der Gesetzentwurf „über die Fälle von in NS-Zeiten entzogenen Gegenständen hinaus und umfasst sämtliche abhandengekommenen Sachen, also auch Kulturgüter, die von einem anderen Unrechtsregime entzogen wurden, und sogar andere Gegenstände, gleich ob diese von staatlicher Seite oder durch Private dem Eigentümer weggenommen wurden."[742] In den zuständigen Ausschüssen des Bundesrats wurde aber die Behandlung des Gesetzesentwurfs vertagt, sodass am 13. Juni 2014 von Bayern die sofortige Sachbehandlung des Entwurfs im Bundesratsplenum beantragt wurde. Dies wurde aber von der Mehrheit des Bundesrats abgelehnt, sodass die Ausschussbehandlung weiterhin noch nicht abgeschlossen ist[743]. Bayern will die Gesetzesinitiative aber weiterhin mit Nachdruck verfolgen[744]. Verfassungsrechtliche Bedenken, etwa durch das Rückwirkungsverbot, werden nicht gesehen[745]. Zudem werde durch die vorgeschlagene Neuregelung äußerst wichtigen Gründen des Gemeinwohls zur Geltung verholfen, „da gerade in Fällen von zu NS-Zeiten entzo-

---

741 Antwortschreiben des Bayerischen Staatsministerium der Justiz vom 13.08.2014
742 ebd.
743 vgl. ebd.
744 vgl. ebd.
745 vgl. ebd.

genen Kunstgütern die Perpetuierung eines der materiellen Gerechtigkeit eklatant widersprechenden Zustands verhindert wird."[746] Die Vertreter der Gesetzesinitiative argumentieren folgendermaßen: Der „Zweck der Verjährung, den Schuldner vor einer Inanspruchnahme in schwieriger Beweisposition zu schützen und Rechtsfrieden zu schaffen, [...mag im Regelfall...] gerechtfertigt sein [..., aber bei Sachen...], deren Besitz der ursprüngliche Eigentümer oder bei mittelbarem Besitz der unmittelbare Besitzer ohne seinen Willen verloren hat und die sich zudem in der Hand eines bösgläubigen Besitzers befinden, vermögen diese Gesichtspunkte jedoch das dauerhafte Auseinanderfallen von Eigentum und Besitz nicht zu rechtfertigen und müssen hinter dem Schutz des Eigentums zurücktreten."[747] Gerade bei „NS-verfolgungsbedingt entzogenen oder kriegsbedingt verlagerten Kulturgütern" ist diese Rechtslage nur schwer erträglich, weil dem „Herausgabeanspruch der Eigentümer in der Regel die Einrede der Verjährung entgegengehalten werden [kann...] und auf diese Weise durch den NS-Staat geschaffenes Unrecht auf Dauer perpetuiert wird"[748]. Dieser Rechtszustand widerspricht zudem dem Geist der „Erklärung der Bundesregierung, der Länder und der kommunalen Spitzenverbände zur Auffindung und zur Rückgabe NS-verfolgungsbedingt entzogenen Kulturgutes, insbesondere aus jüdischem Besitz" vom Dezember 1999, wie die Befürworter der Initiative argumentieren[749]. Deshalb soll der Gesetzentwurf „den Eigentümern abhandengekommener Sachen gegenüber bösgläubigen Besitzern auch nach Ablauf der Verjährungsfrist die Durchsetzung ihres Herausgabeanspruchs [...] ermöglichen"[750], indem durch den Gesetzesentwurf bei abhandengekommenen Sachen in Zukunft die Berufung auf die Verjährung ausgeschlossen wird, wenn der Besitzer bei Besitzerwerb bösgläubig war[751]. Von einer völligen Abschaffung der Verjährung des Vindikationsanspruchs sieht der bayerische Gesetzgeber bewusst ab[752]. Auch wird es abgelehnt, den Ausschluss der Verjährung auf NS-verfolgungsbedingt abhandengekommene Kulturgüter zu beschränken, da Probleme aufgrund des allgemeinen Gleichbehandlungsgrundsatzes (Artikel 3 Abs. 1 GG) und nur schwer zu bewältigende Abgrenzungsprobleme in der Rechtspraxis befürchtet werden[753].

---

746 ebd.
747 https://www.justiz.bayern.de/media/pdf/gesetze/kulturgut_rs.pdf zuletzt aufgerufen 01.08.2015 S. 1
748 ebd. S. 1 f
749 ebd. S. 2
750 ebd. S. 2
751 vgl. ebd. S. 2
752 vgl. ebd. S. 2 f
753 vgl. ebd. S. 3

Der Gesetzesentwurf Bayerns sieht eine Änderung des Bürgerlichen Gesetzbuches vor. § 214 BGB soll wie folgt geändert werden.

§ 214 BGB wird ein neuer Absatz 2 eingefügt:

„*(2) Gegenüber einem Herausgabeanspruch aus § 985 sowie Ansprüchen, die
der Geltendmachung eines Herausgabeanspruchs aus § 985 dienen, ist die Berufung auf die Verjährung ausgeschlossen, wenn die Sache dem Eigentümer, dessen Rechtsvorgänger oder bei mittelbarem Besitz dem unmittelbaren Besitzer
abhandengekommen war und der Besitzer, bei mittelbarem Besitz der mittelbare
Eigenbesitzer bei Erwerb des Besitzes nicht in gutem Glauben war.*"[754]

Denn ganz nach herrschender Auffassung verjährt der Herausgabeanspruch aus
dem Eigentum in 30 Jahren. Vor dem Inkrafttreten des Gesetzes zur Modernisierung des Schuldrechts wurde eine „Abschaffung der Verjährung des Herausgabeanspruchs zwar im Gesetzgebungsverfahren erörtert, aber mit Blick auf die
Befriedungsfunktion des Verjährungsrechts und das Interesse des gutgläubigen
Besitzers, nach Ablauf der Verjährungsfrist nicht mit Verfahren rechnen zu müssen, in denen sein böser Glaube behauptet wird, abgelehnt."[755] Denn: „Die Verjährung des Herausgabeanspruchs führt im Fall ihrer Geltendmachung zu einem
dauerhaften Auseinanderfallen von Eigentum und Besitz."[756] Bei abhandengekommenen Sachen verdient aber das „Interesse des Eigentümers am Rückerhalt
der Sache besonderen Schutz"[757] (vgl. auch die besondere Schutzwürdigkeit des
Eigentümers durch § 935 Abs. 1 BGB), „das Interesse des Besitzers daran, vor
einer Inanspruchnahme in schwieriger Beweislage geschützt zu werden"[758], verdient dagegen „keinen Schutz durch die Rechtsordnung, wenn dieser bösgläubig
ist."[759] Es besteht zudem die Gefahr, dass die bisherigen Regelungen die Besitzer
dazu ermutigen, die Sachen 30 Jahre lang zu verbergen[760]. So kritisiert Bayern
das Gesetz zur Modernisierung des Schuldrechts, welches besonders den gutgläubigen Besitzer schützen wollte[761]. Denn die Beweislast dagegen liege beim
Herausgabebegehrenden (vgl. § 937 Abs. 2 BGB)[762]. Bayern fordert dabei, dass
beide Voraussetzungen (Abhandenkommen und Bösgläubigkeit des Besitzers)

---

754   ebd. S. 5
755   ebd. S. 7
756   ebd.
757   ebd. S. 8
758   ebd.
759   ebd.
760   vgl. ebd.
761   vgl. ebd.
762   vgl. ebd. S. 9

kumulativ vorliegen müssen[763]. Eine Unzulässigkeit der Verjährungseinrede gemäß § 242 BGB sehen die Befürworter der Gesetzesinitiative dagegen an zu hohe Hürden gebunden, sodass § 242 BGB in diesen Fällen bisher kaum zur Anwendung kam[764]. Bei NS-verfolgungsbedingt entzogenen Kulturgütern wird hier von einer Verjährung in der Regel spätestens seit dem 8. Mai 1975 ausgegangen, was angesichts der Hintergründe besonders schwer erträglich sei[765]. So soll der Gesetzentwurf die „unbefriedigende Rechtslage korrigieren und Eigentümern abhandengekommener Sachen gegenüber bösgläubigen Besitzern auch nach Ablauf der Verjährungsfrist die Durchsetzung ihres Herausgabeanspruchs ermöglichen."[766] Verfassungsrechtliche Bedenken sieht der Gesetzesentwurf nicht, da dieser sich „nur auf die künftige Berufung auf die Verjährung [bezieht]"[767] und dadurch den aus dem Rechtsstaatsprinzip abgeleiteten Grundsatz des Vertrauensschutzes der Betroffenen deutlich weniger berühre[768]. Ein Verstoß gegen das Rückwirkungsverbot, hier insbesondere eine echte Rückwirkung[769], wird demnach verneint, da laut Entscheidung des Bundesverfassungsgerichtes „derjenige, der eine Rechtsposition unredlich erworben hat, keinen Vertrauensschutz genießt."[770] Zudem sieht man hier äußerst wichtigen Gründen des Gemeinwohls zur Geltung verholfen, da „eine Beeinträchtigung des Rechtsfriedens [drohe], weil durch die erfolgreiche Berufung des Bösgläubigen auf die Einrede der Verjährung ein der materiellen Gerechtigkeit eklatant widersprechender Zustand perpetuiert wird, was von den Menschen als zutiefst ungerecht empfunden wird; dadurch kann das Vertrauen der Menschen in die Rechtsordnung an sich erheblich beeinträchtigt werden."[771]

Weiterhin wird argumentiert: „Der Ausschluss der Berufung auf die Verjährung bezieht sich auf Herausgabeansprüche aus § 985 sowie auf Ansprüche, die der Geltendmachung von Herausgabeansprüchen aus dem Eigentum dienen"[772], um ein dauerhaftes Auseinanderfallen von Eigentum und Besitz zu verhindern[773]. Dies umfasst ebenfalls Auskunftsansprüche, um den Herausgabeanspruch zu verwirklichen[774]. Neben den Fällen der beschlagnahmten jüdischen Kulturgüter

---

763 vgl. ebd.
764 vgl. ebd. S. 9 f
765 vgl. ebd. S. 10
766 ebd. S. 11
767 ebd. S. 3
768 vgl. ebd. S. 3, 12
769 verfassungsrechtliche Bedenken aufgrund einer sogenannten unechten Rückwirkung werden ebenfalls verneint (vgl. ebd. S. 15)
770 ebd. S. 14
771 ebd. S. 15
772 ebd. S. 17
773 vgl. ebd.
774 vgl. ebd. S. 18

will der Gesetzesentwurf gerade das unter Druck erworbene jüdische Kulturgut als Abhandengekommen bezüglich der Unverjährbarkeit dinglicher Herausgabeansprüche erfassen[775]. Auch die Bilder privater Leihgeber, welche als „entartet" 1938 beschlagnahmt worden, sollen durch die Übernahme der Formulierung in § 935 Absatz 1 Satz 2 BGB erfasst werden[776].

Zudem ist das Fehlen des guten Glaubens zum Zeitpunkt des Besitzerwerbs notwendig. „Ein späteres Wissen um das fehlende Eigentum, etwa analog der Regelung über die Ersitzung in § 937 Absatz 2 Alt. 2 BGB, genügt nicht, um die Einrede der Verjährung auszuschließen."[777]

6.2 Stellungnahme zur Bayerischen Gesetzesinitiative

Mit der bayerischen Gesetzesinitiative für ein Kulturgut-Rückgewähr-Gesetz scheint die Politik den Handlungsdruck erkannt und umgehend auf die rechtlichen Defizite, welche durch den Schwabinger Kunstfund offengelegt wurden, reagiert zu haben. Denn „zur Wiedergutmachung erlittenen NS-Unrechts werden die meist jüdischen Eigentümer bzw. deren Rechtsnachfolger in der Regel auf die Rückführung in specie und auf eine Derogation der 30-jährigen Präklusion kultureller Restitutionsansprüche pochen."[778] Doch der Besitzer hat immer die Möglichkeit der Verjährungseinrede. Dies versucht der bayerische Vorschlag zukünftig zu unterbinden. In der Begründung zur Gesetzesinitiative wird das Dilemma ersichtlich: Die Eigentümer bzw. deren Erben haben zweifellos einen moralischen, aber möglicherweise keinen juristisch durchsetzbaren Anspruch auf „ihre" Bilder[779]. Schon vor der Entdeckung des Schwabinger Kunstfundes war die Unverjährbarkeit des Vindikationsanspruchs zugunsten von Kulturgütern im bürgerlichen Recht für Deutschland begrüßt worden, da sonst nur der Bösgläubige, insbesondere der Dieb, geschützt werde[780].

Trotz der immer wieder hervorgebrachten Forderung, einer gesetzlichen Regelung zur Umsetzung der Washingtoner Prinzipien, wird der bayerische Gesetzesentwurf sehr skeptisch beurteilt. So benannte die Generalsekretärin der Kulturstiftung der Länder, Isabel Pfeiffer-Poensgen, den Gesetzesentwurf „bayerischen Aktionismus", der seinen Ursprung in einer peinlichen Vorgeschichte

---

775 vgl. ebd.
776 vgl. ebd. S. 19
777 ebd. S. 19 f
778 Anton II S. 858
779 https://www.justiz.bayern.de/media/pdf/gesetze/kulturgut_rs.pdf   zuletzt   aufgerufen   am
        01.08.2015
780 vgl. Hartung S. 461

habe (gemeint ist die Beschlagnahme durch die Staatsanwaltschaft Augsburg)[781]. Auch der nordrheinwestfälische Justizminister Thomas Kutschaty verwies in seiner Bundesratsrede am 13. Juni 2014 auf die Schwachstellen des Gesetzesentwurfs. So bemängelte er die oftmals fehlenden Beweismittel der Geschädigten nach 70 Jahren. Denn die Anspruchsteller müssten beweisen, dass es sich um Raubkunst handelt und der gegenwärtige Besitzer beim Besitzerwerb bösgläubig war. So sei aber der große Bereich der Zwangs- und Notverkäufe vom Gesetzesentwurf gar nicht erfasst. Laut Kutschaty würde keiner der Geschädigten aufgrund des Gesetzentwurfes Kunstwerke zurückerhalten und Unrecht würde dauerhaft zementiert. Zudem sehe der Entwurf keine Lösung vor, wenn NS-verfolgungsbedingte Kulturgüter in die Hände Dritter gelangten, z.B. beim gutgläubigen Erwerb im Wege öffentlicher Versteigerung oder der Ersitzung unter bestimmten Umständen. Dafür würde der Entwurf keine Lösung vorsehen, kritisiert Kutschaty. Es werde auch keine Aussage darüber getroffen, wie es sich beim Erben verhält, der bezüglich der Eigentums- und Besitzverhältnisse im guten Glauben ist. Deshalb, argumentiert Kutschaty, kann der Gesetzesentwurf keine geeignete Lösung sein[782].

Auch Raue sieht den bayerischen Vorschlag wenig praktikabel, denn der Nachweis der Bösgläubigkeit dürfte, im Gegensatz zum Fall Gurlitt, nahezu unmöglich sein. Und soll dessen Bösgläubigkeit auf den ahnungslosen Erben übergehen? Selbst einem bösgläubigen Erben dürfte seine Bösgläubigkeit kaum nachzuweisen sein[783]. Auch die Beschränkung der Bösgläubigkeit lediglich auf den Besitzerwerb wird von Raue kritisiert, denn bei einer Ersitzung nach § 937 Abs. 2 Alt. 2 BGB ist diese bei nachträglicher Kenntnis, dass dem Besitzer das Eigentum nicht zusteht, ausgeschlossen[784]. Somit bezeichnet Raue den bayerischen Vorschlag als „völlig überflüssige Initiative"[785].

Lange und Oehler begrüßen dagegen den bayerischen Gesetzesentwurf, dem bösgläubigen Erwerber die Berufung auf die Verjährung zu versagen, grundsätzlich. Allerdings fasse der Entwurf zu kurz, da er die vermutlich große Anzahl der gutgläubigen Ersitzungen gar nicht erfasst[786]. Lange und Oehler verweisen vielmehr auf die verfassungsrechtliche Problematik, da die geplante Gesetzesänderung fast ausschließlich in abgeschlossene Sachverhalte eingreifen würde, da eine dreißigjährige Verjährungsfrist bei dem Hauptteil der Fälle schon

---

781   vgl. https://www.youtube.com/watch?v=YBXjGvZjzWY zuletzt aufgerufen am 01.08.2015
782   http://www.bundesrat.de/SharedDocs/personen/DE/laender/nw/kutschaty-thomas.html?view= zuletzt aufgerufen am 01.08.2015
783   vgl. Raue S. 4
784   vgl. ebd. S. 4 f
785   ebd. S. 5
786   vgl. Lange und Oehler S. 88

abgelaufen ist[787]. Diese echte Rückwirkung erlaubt das Bundesverfassungsgericht nur bei zwingenden Gründen des Gemeinwohls, welche das schutzwürdige Vertrauen auf die Verjährungseinrede überwiegen[788]. Das Ziel, die Folgen des NS-Unrechts zu beseitigen, welches von Bayern auch für die Begründung der Gesetzesinitiative herangezogen wurde, bejahen Lange und Oehler. Da sich der bayerische Gesetzentwurf aber ausdrücklich nicht nur auf NS-Unrecht bezieht, sehen sie die fehlende Einschränkung kritisch[789]. Lange und Oehler weisen noch auf eine andere Problematik hin: Da der Alteigentümer bei der Ersitzung beweispflichtig ist, dass der Ersitzende nicht gutgläubig war, werde in vielen der Fälle von abhandengekommenen Kulturgütern von einer Ersitzung ausgegangen werden müssen, solange der Alteigentümer nicht das Gegenteil beweisen kann, im Unterschied zur bloßen Verjährung des Herausgabeanspruchs nach 30 Jahren[790]. Wird der gute Glauben nicht widerlegt, wäre durch die vollzogene Ersitzung vollgültiges Eigentum des Ersitzenden betroffen (Art 14 Abs. 3 GG)[791].

Für Wasmuth greift der bayerische Gesetzesentwurf dagegen völlig ins Leere, weil die Rückerstattungsgesetze das Zivilrecht verdrängen und mit deren Fristablauf Rückerstattungsansprüche[792] endgültig untergegangen sind[793]. Denn Rückerstattungsgesetze und Vermögensgesetz schließen zivilrechtliche Ansprüche von NS-Opfern weiterhin aus[794].

Finkenauer sieht in der Gesetzesinitiative erhebliche rückwirkungsrechtliche Probleme begründet[795]. Denn obwohl die Begründung einen Eingriff in abgeschlossene Sachverhalte verneine, hängen die Verjährung und die Verjährungseinrede unmittelbar zusammen[796]: „In Wahrheit versucht der Entwurf, die Arglisteinrede nach § 242 BGB gegenüber der Verjährungseinrede zu kodifizieren."[797] Für die Bösgläubigkeit des Vindikationsbeklagten verneint Finkenauer dies aber[798]. Sie reiche nicht aus. Somit werde mit dem Gesetzesentwurf die Verjährungskonzeption des BGB zerstört[799]. In Wahrheit gehe es dem Entwurf „um den rückwirkenden ändernden Eingriff in einen in der Vergangenheit lie-

---

787 vgl. ebd.
788 vgl. ebd.
789 vgl. ebd.
790 vgl. ebd.
791 vgl. ebd. und Wasmuth S. 752
792 Ausnahme: fristgerechter Rückerstattungsantrag, dem mangels Auffindbarkeit nicht entsprochen werden konnte
793 vgl. Wasmuth S. 749 f
794 vgl. ebd. S. 753
795 vgl. Finkenauer S. 485
796 vgl. ebd.
797 ebd.
798 vgl. ebd. S. 485 f
799 vgl. ebd. S. 486

genden Tatbestand, nämlich um die Anordnung der Unverjährbarkeit eines bereits verjährten Anspruchs und damit um den Entzug eines nach § 214 Abs. 1 BGB bestehenden Leistungsverweigerungsrechts. Dass die rückwirkende Beseitigung einer eingetretenen Verjährung dem Rückwirkungsverbot unterfällt und verfassungswidrig ist, hat das BVerfG bereits festgestellt."[800] Durch den Entwurf werde aber eine bereits eingetretene Verjährung unzulässigerweise ex post unter Gerechtigkeitsaspekten bewertet[801]. Denn „[d]er bayerische Entwurf verkennt, dass das Verjährungsrecht gerade vermeiden soll, dass die Frage der Gut- oder Bösgläubigkeit zum Zeitpunkt des Erwerbs überhaupt Gegenstand einer gerichtlichen Auseinandersetzung wird."[802]

Finkenauer sieht hier, neben Art. 103 Abs. 2 GG, den Grundsatz des Vertrauensschutzes - in eine bereits eingetretene Verjährung als zentrales Privatrechtsinstitut - als Teil des Rechtsstaatsprinzips (Art. 20 Abs. 3 GG) verletzt[803]. Finkenauer verneint nämlich die Voraussetzungen, die eine echte Rückwirkung verfassungsrechtlich erlauben würden: Es besteht nämlich ein schutzwürdiges Vertrauen des Besitzers auf die Einrede der Verjährung, da auch mit einer Gesetzesänderung nicht zu rechnen war[804]. Auch dient der Entwurf nicht zur Beseitigung einer unklaren Rechtslage[805]. Den von Bayern hervorgebrachten zwingenden Belangen des Gemeinwohls hält Finkenauer die Gemeinwohlgründe des Rechtsinstituts der Verjährung, Rechtssicherheit und Rechtsfrieden, entgegen[806]. Finkenauer sieht darüber hinaus sogar noch staatliche Schutzpflichten gegenüber dem Besitzer und dessen Bestandsinteresse aus Art. 14 Abs. 1 GG[807]. Letztendlich negiert Finkenauer das Ansehen Deutschlands als zwingende Belange des Gemeinwohls, denn dieses sei „jedenfalls kein relevanter verfassungsrechtlicher Aspekt im Verhältnis zwischen Eigentümer und Besitzer."[808] Der Entwurf nehme damit lediglich dem einen zu Lasten des anderen seine Rechtsposition[809]. Mit der rückwirkenden Beseitigung der Verjährungsfolgen, welche unter den Voraussetzungen des Gesetzesentwurfs verfassungsrechtlich nicht zulässig ist, erklärt Finkenauer den bayerischen Vorstoß für verfassungswidrig[810].

---

800 ebd. S. 486
801 vgl. ebd. S. 486
802 ebd.
803 vgl. ebd.
804 vgl. ebd.
805 vgl. ebd. S. 487
806 vgl. ebd.
807 vgl. ebd.
808 ebd.
809 vgl. ebd.
810 vgl. ebd.

Bergmann geht sogar so weit und bezeichnet den bayerischen Gesetzesentwurf als „Schwachsinn"[811]. Dass sich der Vorschlag darauf stützt, die Berufung des bösgläubigen Besitzers auf die Verjährung widerspreche dem englischen Ordre Public und damit auch dem deutschen Ordre Public, ist für Bergmann absolut nicht nachvollziehbar[812]. Damit werde die deutsche Rechtspraxis ignoriert, denn die Einrede der Verjährung schütze laut Bergmann auch den Gutgläubigen, der seinen guten Glauben aufgrund des Zeitablaufs nicht mehr beweisen kann[813]. Die bayerische Begründung, man verbiete nicht die Verjährung, sondern nur die Berufung darauf, sieht Bergmann, wie Finkenauer, als echte Rückwirkung, da der Einredetatbestand doch längst erfüllt sei[814]. Die schon von Finkenauer verneinten Ausnahmefälle, die eine echte Rückwirkung verfassungsrechtlich ausnahmsweise erlauben, verneint auch Bergmann hier: Es war nicht mit einer solchen Regelung zu rechnen, zumal der Gesetzgeber die Rechtslage durch die Schuldrechtsreform noch einmal bestätigt hat. Auch stellt die Verjährung der Vindikation keine unklare Rechtslage dar. Den überwiegenden, zwingenden Belangen des Gemeinwohls, hier dem deutschen Ansehen im Ausland, hält Bergmann, wie Finkenauer, die Rechtssicherheit als Hauptzweck der Verjährung entgegen. Zudem gibt er zu bedenken, dass auch der Gutgläubige nicht immer seine Gutgläubigkeit beweisen könne, deshalb schütze auch ihn die Verjährung bzw. die Verjährungseinrede[815] - im Gegensatz zum von Bayern bemängelten ausschließlichen Schutz des Bösgläubigen. Bergmann teilt damit die verfassungsrechtlichen Bedenken zum bayerischen Gesetzesentwurf.

Auch Kunze sieht den Entwurf zum Kulturgut-Rückgewähr-Gesetz höchst fraglich, da es doch das gesamte Rechtssystem der Verjährung dem Ziel der Restitution unterstellen würde. Für einen solchen Konflikt zwischen Recht und Gerechtigkeit bringt Kunze die hohen Maßstäbe der Radbruch'schen Formel ins Gespräch. Auch wäre es möglich, eine Unverjährbarkeit des Herausgabeanspruchs speziell für Kulturgüter gesetzlich zu normieren. Dies bedürfe aber der schwierigen Definition des Begriffs Kulturgut bzw. einer Verzeichniserfassung analog dem Gesetz zum Schutz deutschen Kulturgutes gegen Abwanderung[816]. Der Autor betrachtet den besonderen gesetzlichen Schutz von Kunstwerken als Kulturgüter aufgrund von Definitions- und Abgrenzungsschwierigkeiten als unbestimmter Rechtsbegriff für nicht praktikabel.

---

811 Bergmann im Vortrag „Der Fall Gurlitt – Die Verjährung der Vindikation" http://www.fernuni-hagen.de/videostreaming/rewi/vortraege/20140710.shtml zuletzt aufgerufen am 02.08.2015
812 vgl. ebd.
813 vgl. ebd.
814 vgl. ebd.; Die Begründung Bayerns, dass aber die Einrede der Verjährung ja noch nicht erhoben worden sei, lässt Bergmann hier nicht gelten.
815 vgl. ebd.
816 Gespräch mit Herrn Dr. Kunze am 18.08.2014

Rudolph begrüßt zwar den Entwurf[817], kritisiert dagegen grundsätzlich das Zustandekommen des bayerischen Gesetzesentwurfs. Aufgrund der Eile habe Bayern es versäumt, gerade die mit Restitutionsfragen beauftragten Anwälte als Sprecher der Eigentümer bzw. deren Nachkommen anzuhören, um auf die tatsächlichen Schwierigkeiten bei Restitutionsverfahren eingehen zu können. Entgegen der üblichen Praxis eines Anhörungsverfahrens bei neuen Gesetzesinitiativen habe man hier komplett auf eine Expertenanhörung seitens der Betroffenen verzichtet[818]. Zudem liege die Beweislastverteilung zuungunsten des Anspruchstellers, der in der Regel entsprechende Nachweise gar nicht erbringen kann. Damit werde die Verfolgungsgeschichte der Sammler vernachlässigt[819]. Die Formulierung des Gesetzes und insbesondere die Bedingung der Bösgläubigkeit zum Zeitpunkt des Besitzerwerbs sieht Rudolph kritisch, da er die Betroffenen sogar schlechter stelle: „Ich denke, dass der Ansatz, den man in dem Gesetzentwurf verfolgt, sogar nachteilig für Anspruchsteller ist, weil der Vorschlag vorsieht, dass wirklich der Besitzer zum Zeitpunkt des Besitzerwerbes bösgläubig sein muss."[820] Zum einen bleibt dies hinter den Anforderungen der Ersitzung zurück, die zudem ausgeschlossen bleibt, wenn der Erwerber innerhalb von zehn Jahren nach Besitzerwerb erfährt, dass ihm das Eigentum nicht zusteht (§ 937 Abs. 2 Alt. 2 BGB). Zum anderen wird sich der Nachweis der Bösgläubigkeit des Besitzers beim Erwerb in der Praxis nachteilig auf die Anspruchsteller auswirken[821]. Denn oftmals werden sie den Beweis der Bösgläubigkeit gar nicht erbringen können. Wie auch? Im schlimmsten Fall waren ihre Vorfahren zum Zeitpunkt des Besitzerwerbs schon gar nicht mehr am Leben! Wie Rudolph schon richtig anmerkte, wird damit der Odyssee der Anspruchsberechtigten vor und auch nach 1945 ungenügend Rechnung getragen.

Die mediale Bewertung zum bayerischen Entwurf eines Kulturgut-Rückgewähr-Gesetzes fiel ebenfalls überwiegend kritisch aus:

So werde die Gesetzesinitiative vor allem als ein Akt guten Willens betrachtet, wobei der Beweis der Bösgläubigkeit in den meisten Fällen kaum erbracht werden könne[822].

Zehle wird da noch deutlicher: „Das Gesetz ist eindeutig für die Galerie, sodass das Gesetz selbst wenn es kommt, gut gemeint ist, vielleicht zu Streitigkeiten

817 vgl. http://www.deutschlandfunk.de/kunstfund-der-fall-gurlitt-und-die-folgen.724.de.html?dram: article_id=277429 zuletzt aufgerufen am 01.08.2015
818 Gespräch mit Frau Dr. Rudolph am 22.08.2014
819 vgl. ebd.
820 zitiert nach: http://www.deutschlandfunk.de/kunstfund-der-fall-gurlitt-und-die-folgen.724.de. html?dram:article_id=277429 zuletzt aufgerufen am 01.08.2015 821 Gespräch mit Frau Dr. Rudolph am 22.08.2014
822 vgl. http://www.deutschlandfunk.de/kunstfund-der-fall-gurlitt-und-die-folgen.724.de.html?dram: article_id=277429 zuletzt aufgerufen am 01.08.2015

führt, aber kaum zu einer Änderung der aktuellen Gesetzeslage. Und damit ist es ein Papiertiger. Selbst wenn es käme, ist die Durchsetzbarkeit der Ansprüche fast nicht gegeben."[823] Zehle erhebt sogar den Vorwurf eines Einzelfallgesetzes („Lex Gurlitt") beim Entwurf, was der bayerische Justizminister aber vehement bestreitet[824]. Und so schlussfolgert Zehle: „Aus meiner Sicht sind die Chancen gegen null, weil es einfach ein Einzelfallgesetz ist. Und es scheint so, dass man den Fall Gurlitt als Einzelfall zum Anlass genommen hat, etwas zu ändern. Und Einzelfälle sollten dazu eigentlich nicht dienen."[825]

Auch Elmenhorst kann die Gesetzesinitiative aus moralisch-empathischer Sicht nachvollziehen, aber den „Nachweis der Bösgläubigkeit zu führen, dürfte bei Privatpersonen in vielen Fällen schwierig, bei ererbten Kunstwerken häufig sogar unmöglich sein."[826] Wie bei der bayerischen Begründung zur Gesetzesinitiative ausgeführt, folgert Elmenhorst richtig, dass „[a]us Gründen der verfassungsrechtlich gebotenen Gleichbehandlung [...] hierunter auch die in der Sowjetischen Besatzungszone konfiszierten Kunstwerke [fallen]."[827] Schwieriger sieht Elmenhorst ebenfalls den Nachweis seitens der Eigentümer, dass der Besitzer bereits zum Zeitpunkt des Erwerbs bösgläubig gewesen sein muss[828]. „Dieser Nachweis dürfte in den allermeisten Fällen wohl nur schwer zu erbringen sein. Denn die einschlägigen Datenbanken für abhandengekommene Kunstwerke, wie das Art Loss Register oder Lost Art, die heute für diese Fragen konsultiert werden, gibt es erst seit 1991 bzw. 1994. Wie aber sonst will man – abgesehen von Einzelfällen, wie etwa den seinerzeit öffentlich ausgestellten Werken der ‚entarteten Kunst' oder dem Direkterwerb von jüdischen Eigentümern – Anhaltspunkte dafür nachweisen, dass die Erwerber bereits damals hätten wissen müssen, dass es sich um abhandengekommene Kunstwerke gehandelt hat? Besonders dann, wenn der heutige Besitzer das Werk damals nicht direkt, sondern über einen Zwischenhändler erworben hat."[829] Elmenhorst benennt ebenfalls verfassungsrechtliche Bedenken: „Denn die geltende und 2002 vom Gesetzgeber bestätigte Rechtslage billigt ausdrücklich, dass auch ein bösgläubiger privater Eigentümer von Raubkunst diese nach Ablauf der 30 Jahre behalten darf. Zwar

---

823   zitiert nach: http://www.deutschlandfunk.de/kunstfund-der-fall-gurlitt-und-die-folgen.724.de. html?dram:article_id=277429 zuletzt aufgerufen am 01.08.2015
824   vgl. http://www.deutschlandfunk.de/kunstfund-der-fall-gurlitt-und-die-folgen.724.de.html?dram: article_id=277429 zuletzt aufgerufen am 01.08.2015
825   zitiert nach: http://www.deutschlandfunk.de/kunstfund-der-fall-gurlitt-und-die-folgen.724.de. html?dram:article_id=277429 zuletzt aufgerufen am 01.08.2015
826   zitiert nach http://www.handelsblatt.com/panorama/kultur-kunstmarkt/nazi-raubkunst-anmerk ungen-zum-vorschlag-einer-lex-gurlitt/9306510.html zuletzt aufgerufen am 01.08.2015
827   zitiert nach http://www.handelsblatt.com/panorama/kultur-kunstmarkt/nazi-raubkunst-ein-bay erischer-koenigsweg/9306510-3.html zuletzt aufgerufen am 09.08.2015
828   vgl. ebd.
829   ebd.

schafft das geplante Gesetz die Verjährung nicht ab, sondern schließt [nur] aus, dass sich der bösgläubige Besitzer auf sie berufen kann. Damit wirkt sie im Ergebnis faktisch jedoch so, als wäre die Verjährung für Herausgabeansprüche – entgegen der eindeutigen Entscheidung des Gesetzgebers 2002 – aufgehoben."[830] Elmenhorst warnt ausdrücklichen vor Schaden bei einer Niederlage vor dem Bundesverfassungsgericht im Falle möglicher Klagen gegen das Kulturgut-Rückgewähr-Gesetz, denn „[...] auch das Verfassungsgericht [kann] nicht die hohen Hürden des Rückwirkungsverbots und des grundgesetzlich garantierten Eigentumsschutzes nehmen [...und] eine Niederlage vor dem Verfassungsgericht [wäre] eine – nicht nur moralisch – schwer erträgliche, erneute Demütigung dieser Opfer. Sie wäre mit erheblichem (außen-)politischem Schaden Deutschlands verbunden."[831]

Auch Kähler kritisiert die Beweislast auf Seiten des Alteigentümers: „Dies gestalte sich bei Jahrzehnte zurückliegenden Vorgängen entsprechend schwierig. Außerdem geht der Gesetzentwurf davon aus, dass im Falle einer Verjährung das Eigentum »nahezu vollständig entwertet« sei, sodass Schadenersatzansprüche damit obsolet wären. Dies sei unsinnig. Ebenso wenig würde geregelt, wer schutzbedürftiger ist: Der Eigentümer, dem das Bild geraubt wurde oder aber der Besitzer, der dessen Herkunft »fahrlässig verkannt« hat. Nachbesserungen wären also dringend notwendig."[832]

Grundsätzlich hält der Autor die bayerische Gesetzesinitiative für ein Kulturgut-Rückgewähr-Gesetz für eine legitime und nachvollziehbare Reaktion auf den Schwabinger Kunstfund und die damit aufgetretenen rechtlichen Probleme. Auch die Begründungen dafür erscheinen einleuchtend: Zum einen will man den Alteigentümern bzw. deren Nachfahren zu Gerechtigkeit verhelfen, zum anderen soll das Ansehen Deutschlands mit einer längst überfälligen Reaktion auf die rechtlichen Missstände nicht weiter beschädigt werden, war es dem Gesetzgeber mit dem Gesetz zur Modernisierung des Schuldrechts doch wider bessern Wissens nicht wichtig, Abhilfe zu schaffen. Der richtig gemeinte bayerische Vorschlag scheint aber aufgrund der Eile nicht ausgereift zu sein. Auch der bayerische Hinweis, nicht die Verjährung werde verboten, sondern nur die Berufung darauf, scheint die verfassungsrechtlichen Bedenken gerade bezüglich des im Rechtsstaatsprinzip begründeten Grundsatzes des Vertrauensschutzes bei einer echten Rückwirkung nicht zu beseitigen, denn letztendlich wird mit dem Verbot auf die Berufung eines längst erfüllten Einredetatbestands der Verjährung diese

---

830 ebd.
831 ebd.
832 zitiert nach http://www.portalkunstgeschichte.de/meldung/lex-gurlitt-bayern-stellt-kulturgut-rueckgewaehr-gesetz-im-bundestag-vor-6168.html zuletzt aufgerufen am 09.08.2015; Hervorhebungen im Original

faktisch verboten. Es wäre für die Anspruchsberechtigten eine Katastrophe, wenn das Kulturgut-Rückgewähr-Gesetz aufgrund einer möglichen Verfassungswidrigkeit vom Bundesverfassungsgericht für nichtig erklärt würde. Bei einem solch hochemotionalen Thema dürfen keine verfassungsrechtlichen Bedenken bestehen bleiben, denn diese würden weder den Anspruchsberechtigten zu Gerechtigkeit verhelfen, noch das Ansehen Deutschlands positiv beeinflussen. Zudem scheint die Beweislastverteilung gerade auf Seiten der Anspruchsteller, bezüglich der Bösgläubigkeit des Besitzers zum Zeitpunkt des Besitzerwerbs, deren legitimen Herausgabeansprüchen nicht gerade entgegenzukommen. Auch die kritische Haltung seitens der SPD-geführten Länder im Bundesrat[833] dürfte für die bayerische Gesetzesinitiative für ein Kulturgut-Rückgewähr-Gesetz zumindest nicht förderlich sein. Dies zeigt sich auch darin, dass der Bundesrat dessen Behandlung „bis zum Wiederaufruf" vertagt hat. Lange und Oehler nennen es damit „auf Eis gelegt"[834].

6.3 Gegenvorschläge zur bayerischen Gesetzesinitiative

Aufgrund der umfangreichen Kritik wurden zahlreiche Gegenvorschläge zum Gesetzesentwurf für ein Kulturgut-Rückgewähr-Gesetz gemacht.

So schlug Zehle Anfang 2014 vor, dass der Freistaat Bayern im konkreten Fall die Werke Cornelius Gurlitt abkaufe, ihre Herkunft abkläre und den früheren Eigentümern zurückgeben soll[835]. Angesichts der früheren Weigerung Gurlitts, die Bilder überhaupt zurückgeben zu wollen[836], klingt der Vorschlag eher illusorisch. Nach dessen Tod und testamentarischer Verfügung ergeben sich dafür neue Chancen, aber auch neue Ansprechpartner.

Elmenhorst plädiert bei NS-Raubkunst allgemein dafür, dass Gespräch mit den Besitzern zu suchen, um eine geräuschlose Einigung mit den Alteigentümern herbeizuführen, denn „…[e]ine solche Lösung ist auch in ihrem (Anm.: den aktuellen Besitzern) Interesse, da auf dem Kunstmarkt mit Restitutionsansprüchen behaftete Kunstwerke mittlerweile faktisch unverkäuflich sind."[837]

833 vgl. http://www.bundesrat.de/SharedDocs/personen/DE/laender/nw/kutschaty-thomas.html zuletzt aufgerufen am 01.08.2015
834 Lange und Oehler S. 88
835 vgl. http://www.deutschlandfunk.de/kunstfund-der-fall-gurlitt-und-die-folgen.724.de.html?dram:article_id=277429 zuletzt aufgerufen am 09.08.2015
836 vgl. http://www.spiegel.de/forum/kultur/spiegel-exklusiv-gurlitt-will-kein-einziges-bild-frei willig-zurueckgeben-thread-106210-1.html zuletzt aufgerufen am 09.08.2015
837 http://www.handelsblatt.com/panorama/kultur-kunstmarkt/nazi-raubkunst-politischer-schaden-durch-eine-niederlage/9306510-4.html zuletzt aufgerufen am 09.08.2015; vgl. dazu auch die Ausführungen Bergmanns

Auch Raue sieht keine Lösung durch den Gesetzgeber, sondern nur in der „Vernunft und Sensibilität der Beteiligten".[838]

Lange und Oehler bringen einen eigenständigen Herausgabeanspruch, ähnlich der alliierten Rückerstattungsgesetze und dem Vermögensgesetz, ins Spiel. Wer einen verfolgungsbedingten Verlust zwischen dem 30. Januar 1933 und dem 08. Mai 1945 erlitt, hat einen Herausgabeanspruch gegenüber dem heutigen Besitzer. Nach der Einführung der sogenannten Nürnberger Rassegesetze wird grundsätzlich ein verfolgungsbedingter Verlust angenommen. Im Gegensatz zu den alten Rückerstattungsgesetzen sollte hier aber keine Anmeldfrist festgelegt werden, um spätere Funde noch anmelden zu können[839]. Mit dieser teilweisen Beweislastumkehr zugunsten der Alteigentümer konnte die Ersitzung nur eintreten, wenn der Erwerber beim Erwerb gutgläubig war[840]. Kann er dies nicht beweisen, hat er zu restituieren. Hier erscheint eine vergleichbare Abstufung der Beweislast anhand der Radikalisierungsphasen ähnlich den alliierten Rückerstattungsgesetzen angebracht. Da mit der Beweislastumkehr bei der Ersitzung Eingriffe in bereits erworbenes Eigentum vorgenommen werden, ist aus verfassungsrechtlicher Sicht eine Entschädigung angebracht (vgl. Art. 14 Abs. 3 GG), welche aus Bundesmitteln zu finanzieren ist[841].

Auch Kutschaty[842] und Koldehoff nehmen den Vorschlag einer Stiftung, welche die Werke zurückkauft bzw. finanzielle Entschädigungen an die Alteigentümer bzw. deren Erben auszahlt, auf. Koldehoff plädiert hier neben der Einrichtung einer Bundesstiftung Raubkunst, ähnlich der Stiftung Erinnerung, Verantwortung und Zukunft, für ein verbindliches Raubkunstgesetz, vergleichbar mit dem Kunstrückgabegesetz in Österreich von 1998, welches die Restitution für Bundesmuseen unter Auslassung rechtlicher Hemmnisse verbindlich regelt[843].

Finkenauer wirbt zum Schutz von bedeutsamem Kulturgut für ein großzügigeres Fristenregime ähnlich dem der Schweiz, ohne dabei eine echte Rückwirkung zu begründen[844]. So solle die Ersitzungsfrist in § 937 BGB auf 30 Jahre und die Verjährungsfrist in § 197 BGB auf 75 Jahre erhöht werden. Zudem schlägt Finkenauer vor, in einem neuen § 935 a BGB durch eine Ausnahmevorschrift bedeutsames Kulturgut vom gutgläubigen Erwerb auszuschließen, denn

---

838 Raue S. 5
839 vgl. Lange und Oehler S. 88
840 vgl. ebd.
841 vgl. ebd.; obwohl der Präsident des jüdischen Weltkongresses eine Entschädigung strikt ablehnt
842 vgl. http://www.bundesrat.de/SharedDocs/personen/DE/laender/nw/kutschaty-thomas.html zuletzt aufgerufen am 01.08.2015
843 vgl. Koldehoff S. 272 ff
844 vgl. Finkenauer S. 488

hier handele es sich um eine verfassungsrechtlich unproblematische unechte Rückwirkung[845]. Damit werde den Eigentümern eine effektive Rechtsverfolgung ermöglicht[846].

Schon vor dem Schwabinger Kunstfund hatte Hartung einen ähnlich interessanten Vorschlag gemacht: § 195 BGB wird neu überarbeitet. Er sieht dann eine Unverjährbarkeit des Herausgabeanspruchs von abhandengekommenen Kulturgütern[847] im Sinne des § 5 des Kulturgüterrückgabegesetzes vor. Alternativ könnte eine Höchstverjährungsfrist von 75 Jahren eingeführt werden[848].

---

845 vgl. ebd.
846 vgl. ebd.
847 Bei der bloßen Beschränkung auf eine Rückerstattung von Kulturgütern, wie Kunstwerken, aber nicht auf andere Sachen, sieht Wasmuth allerdings mögliche Bedenken aufgrund Art. 3 Abs. 1 GG (Gleichheitsgrundsatz); vgl. Wasmuth S. 752.
848 vgl. Hartung S. 329 f; hier wäre wieder eine Definition bzw. Dokumentation des entsprechenden Kulturguts notwendig

7 Schlussbetrachtungen und Ausblick

Die Untersuchung hat zwei Spannungsfelder besonders hervorgehoben: Ein eigentlicher Konflikt besteht hier aus Moral versus Recht. Neben der rechtlichen hat der Fall auch eine moralische Dimension. Denn moralisch gesehen haben die Alteigentümer ein unbestrittenes Anrecht auf ihre Kunstwerke, dagegen bleibt die Durchsetzung dieses im deutschen Zivilrecht fraglich. Das größte Hindernis bleibt eine mögliche Verjährungseinrede des Besitzers. Dass das deutsche Zivilrecht für eine Lösung dieses Konfliktes angesichts des unvorstellbaren Leids ungeeignet ist, haben die Alliierten schon kurz nach dem Zweiten Weltkrieg erkannt und schufen spezielle Rückerstattungsgesetze, die das als untauglich erachtete Zivilrecht zeitlich begrenzt verdrängten. Warum gerade fast 70 Jahre nach Ende des Zweiten Weltkrieges nunmehr ein durch den bayerischen Gesetzesentwurf für ein Kulturgut-Rückgewähr-Gesetz verändertes Zivilrecht bei sicherlich nicht einfacher gewordenen Provenienzen bezüglich der Kunstwerke eine Verbesserung für die Alteigentümer bzw. deren Erben bringen soll, bleibt die Begründung zum Entwurf schuldig. Andererseits stehen sich heute in den meisten Fällen zwei Unschuldige gegenüber: Die Erben der Eigentümer und die Erben der Besitzer. Wie soll gerade die erste Gruppe die im Gesetzesentwurf geforderte Bösgläubigkeit des Erblassers beim Besitzerwerb nachweisen können, wenn selbst ein gut dokumentierter Fall wie beim sogenannten Schwabinger Kunstfund derartige verschiedene Interpretationen hervorruft? Auch darauf bleibt der bayerische Gesetzesentwurf eine Antwort schuldig bzw. lässt die notwendige Sensibilität für das Thema vermissen. Doch auch hier sieht der Autor eine Chance im aktuellen Umgang mit der Situation: Heute stehen sich zwei mit dem Thema weit weniger belastete Erbengenerationen gegenüber, welche objektiver damit umgehen können. Das deutsche Zivilrecht zwinge, wie Bergmann richtig feststellt, beide Gruppen aufgrund des Auseinanderfallens von Eigentum und Besitz gerade dazu, eine gemeinschaftliche Lösung zu finden, wenn sie Werke verwerten wollen. Und selbst im Fall Gurlitt ist dieser Weg schon erfolgreich gegangen worden. Der Ausweg, den diese rechtliche Situation aufdrängt, sollte nicht unterschätzt werden.

Nachdem die Politik zum Thema NS-Raubkunst zu lange geschwiegen und sich noch im Gesetz zur Modernisierung des Schuldrechts bewusst gegen Änderungen bei der Verjährung entschied, scheint sie diese Versäumnisse mit dem Gesetzesentwurf für ein Kulturgut-Rückgewähr-Gesetz nun übereilig bereinigen zu wollen. Über 70 Jahre nach Kriegsende dürfte der Nachweis zu Provenienzen bei betroffenen Kunstwerken kaum lückenlos zu erbringen sein, was die Mammutaufgabe der Provenienzrecherche zur „Sammlung Gurlitt" immer noch zeigt. Unbegreiflich bleibt, warum der Gesetzesentwurf ohne die notwendige Rücksprache mit den Betroffenen erarbeitet wurde. Aufgrund der Beweislastverteilung im Gesetzesentwurf zuungunsten der Anspruchsberechtigten sowie verfassungsrechtlicher Bedenken ist von einem anhaltenden Widerstand im Bundesrat gegenüber dem Gesetzesentwurf für ein Kulturgut-Rückgewähr-Gesetz zu rechnen, sodass der Autor davon ausgeht, dass es in der bisherigen Form keine Zukunft haben wird.

Doch welche Möglichkeiten bietet das vorhandene Zivilrecht für die Anspruchsberechtigten? Rudolph sieht richtigerweise aufgrund der z.b. sittenwidrigen Rechtsgeschäfte bzw. Beschlagnahmungen vor 1945, dass die Betroffenen, zumeist jüdischen Familien, weiterhin Eigentümer der Kunstwerke sind. Demzufolge besteht weiterhin ein Herausgabeanspruch aus § 985 BGB[849]. Deshalb empfiehlt sie grundsätzlich erst einmal die Klageerhebung auf Herausgabe des Eigentums aus § 985 BGB[850]. Denn eine Verjährungseinrede muss erst einmal vom Beklagten selbst geltend gemacht werden, denn diese wird nicht von Amts wegen berücksichtigt[851]. Hier bestehen gelegentlich Skrupel, u.a. den öffentlichen Druck auszuhalten[852]. Der Besitzer wird demzufolge nicht gezwungen, sich auf die Verjährung des Anspruches zu berufen. Zumindest wird der Herausgabebeklagte aber dazu gezwungen, sich mit den Hintergründen auseinanderzusetzen. Dem Besitzer werden damit drei Möglichkeiten eröffnet: Er hat die Größe und beruft sich nicht auf die Verjährung, er sucht eine Einigung mit dem Alteigentümer im Sinne Bergmanns, wobei der Alteigentümer eine Klagerücknahme bewirkt, oder der Besitzer beruft sich auf die Verjährung der Vindikation (§ 214 Abs. 1 BGB).

Zusätzlich lässt die BGH-Entscheidung vom 16. März 2012 im Fall Sachs, die eine Sperrwirkung der alliierten Rückerstattungsgesetze für Gegenstände verneinte, die bis zum Ablauf der Anmeldfrist verschollen waren, aufhorchen. Finkenauer erwartet hier noch viele unerwartete Restitutionsfälle vor allem bei öffentlichen Rechtssubjekten[853]. Einschränkend muss aber gesagt werden, dass die Beklagte (Deutsches Historisches Museum) damals ausdrücklich die Einrede

---

849   vgl. Gespräch mit Frau Dr. Rudolph am 22.08.2014 sowie http://www.deutschlandradiokultur. de/raubkunst-die-spur-fuehrt-nach-dresden.1001.de.html?dram:article_id=277194 zuletzt aufgerufen am 11.08.2015
850   vgl. Gespräch mit Frau Dr. Rudolph am 22.08.2014
851   vgl. Schnabel und Tatzkow S. 48
852   vgl. Birr S. 27 f
853   vgl. Finkenauer S. 481

der Verjährung nicht erhoben hat[854]. Inwieweit das Urteil Auswirkungen auf private Besitzer haben kann, insbesondere moralische, bleibt abzuwarten.

Es bleibt also festzustellen, dass die aktuelle zivilrechtliche Situation zwar unbefriedigend beim Thema Raubkunst ist, trotzdem aber Raum für einen sensiblen Umgang mit dem Thema lässt. Trotzdem werden viele Ungerechtigkeiten bleiben. Der Autor regt deshalb an, in Ruhe und in Absprache mit den betroffenen Akteuren auf der Washingtoner Erklärung aufbauend rechtlich wirksame Methoden zum Umgang mit NS-Raubkunst zu entwickeln. Hier können die alliierten Rückerstattungsgesetze nach 1945 Vorbilder sein. Auch die von Koldehoff vorgeschlagene Bundesstiftung Raubkunst erscheint überlegenswert. Hier sollte die Politik sich aber vorher klar zu einer großzügigen finanziellen Ausstattung bekennen. Bei möglichen Enteignungen sind die verfassungsrechtlichen Voraussetzungen des Art. 14 Abs. 3 GG unbedingt zu berücksichtigen. Unproblematischer scheint die Forderung nach einer Stärkung der Provenienzforschung zu erfüllen zu sein. Hier sind erst kleine Veränderungen angestoßen worden.

Viele Fragen im Fall Gurlitt und dem sogenannten Schwabinger Kunstfund konnten nicht geklärt werden, etwa die Kritik an der Beschlagnahme durch die Staatsanwaltschaft Augsburg und die rechtliche Bewertung diesbezüglich. Auch die kritisierte Rolle[855] und rechtliche Stellung der TASKFORCE blieb weitestgehend außen vor. Auf die Kritik an der Rolle des Kunsthandels und der Politik beim Umgang mit NS-Raubkunst nach 1945 sowie die bisher zaghafte Haltung der öffentlichen Museen bei der Umsetzung der Washingtoner Erklärung konnte ebenso wenig eingegangen werden, wie es die Thematik sicherlich verdient hätte. Ebenfalls wurde nicht auf die Wohnsitzfrage und Staatsangehörigkeit von Cornelius Gurlitt eingegangen. Auch konnten nach dessen Tod am 06. Mai 2014 sein Testament, welches als Alleinerbin der „Sammlung Gurlitt" die Stiftung Kunstmuseum Bern bestimmte bzw. die Entscheidung der Stiftung, die Erbschaft anzunehmen, sowie die „VEREINBARUNG zwischen DER BUNDESREPUBLIK DEUTSCHLAND, DEM FREISTAAT BAYERN und DER STIFTUNG KUNSTMUSEUM BERN"[856] und rechtliche Fragen bezüglich Testament und Vereinbarung nicht erörtert werden. Eine rechtliche Beurteilung für den Fall, dass NS-Raubkunst ins Ausland verbracht wurde (Statutenwechsel) bzw. mehr-

---

854 vgl. http://juris.bundesgerichtshof.de/cgi-bin/rechtsprechung/document.py?Gericht=bgh&Art= en&Datum=Aktuell&nr=59992&linked=urt&Blank=1&file=dokument.pdf zuletzt aufgerufen am 12.08.2015

855 vgl. Rudolph in http://www.deutschlandfunk.de/kunstfund-der-fall-gurlitt-und-die-folgen. 724.de.html?dram:article_id=277429 zuletzt aufgerufen am 12.08.2015

856 http://www.bundesregierung.de/Content/DE/_Anlagen/BKM/2014-11-24-vereinbarung-bund-freistaat-bayern-stiftung-kunstmuseum-bern.pdf?__blob=publicationFile zuletzt aufgerufen am 12.08.2015

fachen Besitzwechsel, z.b. durch Weiterverkauf, Diebstahl, etc. blieb hier ebenso außen vor.

Es bleibt zu hoffen, dass alle Beteiligten verantwortlich mit den ihnen durch
die Entwicklung im Fall Gurlitt übertragenen Aufgaben sowie moralischen Verpflichtungen umgehen. Es ist positiv zu beurteilen, dass die „VEREINBARUNG
zwischen DER BUNDESREPUBLIK DEUTSCHLAND, DEM FREISTAAT
BAYERN und DER STIFTUNG KUNSTMUSEUM BERN" eine Fortführung
der Arbeit der TASKFORCE, weitergehende Provenienzforschung und Restitutionen von NS-Raubkunst vorsieht. Einem Ausspielen Moral versus Recht
scheint damit vorgebeugt. Es bleibt weiterhin zu hoffen, dass viele Werke der
„Sammlung Gurlitt" der Öffentlichkeit zugänglich gemacht werden können.
Natürlich muss die Provenienz für jedes Werk in schwieriger Einzelfallprüfung
vorher bestimmt werden. Solange aber nicht alle Bilder durch die TASKFORCE
veröffentlicht sind, werden Spekulationen über die Provenienzen nicht ausblei-
ben.

Es bleibt daher festzustellen, dass die Arbeit nur ein Versuch gewesen sein
kann, etwas Licht in die immer noch sehr aktuelle Problematik der NS-
Raubkunst zu bringen. Im Idealfall ergeben sich aus dieser Arbeit Denkanstöße
für die weitergehende Forschung zum Thema.

8 Literaturverzeichnis

Anton, M. (2010): Rechtshandbuch Kulturgüterschutz und Kunstrestitutions-recht: Band 1: Illegaler Kulturgüterverkehr. Berlin. (Kennzeichnung als Anton I)

Anton, M. (2010): Rechtshandbuch Kulturgüterschutz und Kunstrestitutions-recht: Band 2: Guter Glaube im internationalen Kunsthandel. Berlin. (Kennzeichnung als Anton II)

Anton, M. (2010): Handbuch Kulturgüterschutz und Kunstrestitutionsrecht: Band 3: Internationales Kulturgüterprivat- und Zivilverfahrensrecht. Berlin. (Kennzeichnung als Anton III)

Birr, C. (2003): Verjährung und Verwirkung. Fristen – Beginn – Hemmung – Wirkung. Berlin.

Farmer, W. (2002): Die Bewahrer des Erbes. Das Schicksal deutscher Kulturgü-ter am Ende des Zweiten Weltkrieges. Berlin.

Finkenauer, T. in Juristenzeitung (JZ): Die Verjährung bei Kulturgütern – zur geplanten „lex Gurlitt" 2014, 479

Goschler, C. und Lillteicher, J. (2002): „Arisierung" und Restitution. Die Rück-erstattung jüdischen Eigentums in Deutschland und Österreich nach 1945 und 1989. Göttingen.

Hartung, H. (2005): Kunstraub in Krieg und Verfolgung. Die Restitution der Beute- und Raubkunst im Kollisions- und Völkerrecht. Berlin.

Hipp, A. (2001): Schutz von Kulturgütern in Deutschland. Berlin.

Hoffmann, M. (Hg.) und Hüneke, A. (Hg./2013): Auf den Spuren der Moderne. 10 Jahre Forschungsstelle „Entartete Kunst" am Kunsthistorischen Institut der Freien Universität Berlin. Berlin.

Knopf, V. und Martens, S. (2006): Görings Reich. Selbstinszenierungen in Ca-rinhall. Augsburg.

Koldehoff, S. (2014): Die Bilder sind unter uns. Das Geschäft mit der NS-Raubkunst und der Fall Gurlitt. Köln.

Koldehoff, S.; Oehmke, R.; Stecker, R. (2014): Der Fall Gurlitt. Ein Gespräch. Berlin.

Kunze, H. H. (2000): Restitution entarteter Kunst. Berlin.

Lange, C. und Oehler, K.-H. in Zeitschrift für Rechtspolitik (ZRP): „Schwabinger Kunstfund" – Erblast des NS-Regimes 2014, 86.

Müller-Chen, M. in Zeitschrift für Schweizerisches Recht (ZSR): Grundlagen und ausgewählte Fragen des Kunstrechts 2010 II

Müller-Katzenburg, A. (1995): Internationale Standards im Kulturgüterverkehr und ihre Bedeutung für das Sach- und Kollisionsrecht. Berlin

Pawlowsky, V. (Hg.) und Wendelin, H. (Hg./2006): Ausgeschlossen und entrechtet. Raub und Rückgabe - Österreich von 1938 bis heute. Wien.

Petropoulos, J. (1999): Kunstraub und Sammelwahn. Kunst und Politik im Dritten Reich. Berlin.

Plambeck, B. (1997): Die Verjährung der Vindikation. Frankfurt am Main.

Raue, P. in Zeitschrift für Rechtspolitik (ZRP): Die beschlagnahmten Gurlitt-Bilder – Eine Bestandsaufnahme 2014, 2

Rudolph, S. (2007): Restitution von Kunstwerken aus jüdischem Besitz. Berlin.

Schnabel, G. und Tatzkow, M. (2007): Nazi Looted Art. Handbuch Kunstrestitution weltweit. Berlin.

Schoeps, J. H. (Hg.) und Ludewig, A.-D. (Hg./2014): Eine Debatte ohne Ende? Raubkunst und Restitution im deutschsprachigen Raum. Berlin

von Schorlemer, S. (1992): Internationaler Kulturgüterschutz: Ansätze zur Prävention im Frieden sowie im bewaffneten Konflikt. Berlin.

Wasmuth, J. in Neue Juristische Wochenschrift (NJW): Aufarbeitung der unter NS-Herrschaft verübten Entziehung von Kunstwerken 2014, 747

9 Abkürzungsverzeichnis

Abs.   Absatz

Alt.   Alternative

Art.   Artikel

Art. 4 REAO   Anordnung BK/O (49) der Alliierten Kommandantur Berlin
                über die Rückerstattung feststellbarer
                Vermögensgegenstände an Opfer der
                nationalsozialistischen Unterdrückungsmaßnahmen

BGBl   Bundesgesetzblatt

BGH   Bundesgerichtshof

BRüG   Bundesgesetz zur Regelung der rückerstattungs-
                rechtlichen Geldverbindlichkeiten des Deutschen Reichs
                und gleichgestellter Rechtsträger
                (Bundesrückerstattungsgesetz)

BZREG   britisches Rückerstattungsgesetz

BVerfG   Bundesverfassungsgericht

DDR   Deutsche Demokratische Republik

d.h.   das heißt

ERR   Einsatzstab Reichsleiter Rosenberg

Gestapo   Geheime Staatspolizei

GG	Grundgesetz für die Bundesrepublik Deutschland
i.S.d.	im Sinne des
i.V.m.	in Verbindung mit
JCC	Jewish Claims Conference
JRSO	Jewish Restitution Successor Organization
NSDAP	Nationalsozialistische Deutsche Arbeiterpartei
S.	Satz
SED	Sozialistische Einheitspartei Deutschlands
u.a.	unter anderem
USREG	Gesetz Nr. 59 über die Rückerstattung feststellbarer Vermögensgegenstände (US- Rückerstattungsgesetz)
VermG	Vermögensgesetz

The manufacturer's authorised representative in the EU is Springer
Nature Customer Service Centre GmbH, Europaplatz 3, 69115 Heidelberg,
Germany. If you have any concerns regarding our products, please
contact ProductSafety@springernature.com

Printed and bound by CPI Group (UK) Ltd, Croydon, CR0 4YY

27/04/2026

02097663-0002